AF279824

Impressum
© KOPFJAEGER VERLAG
www.kopfjaegerverlag.de

Layout:
Kristin Huckauf

Herstellung:
Books on Demand GmbH, Norderstedt

Jäger, Helge:
Ito-San und die Sushi-Fritzen AG
ISBN 3-8311-4790-6

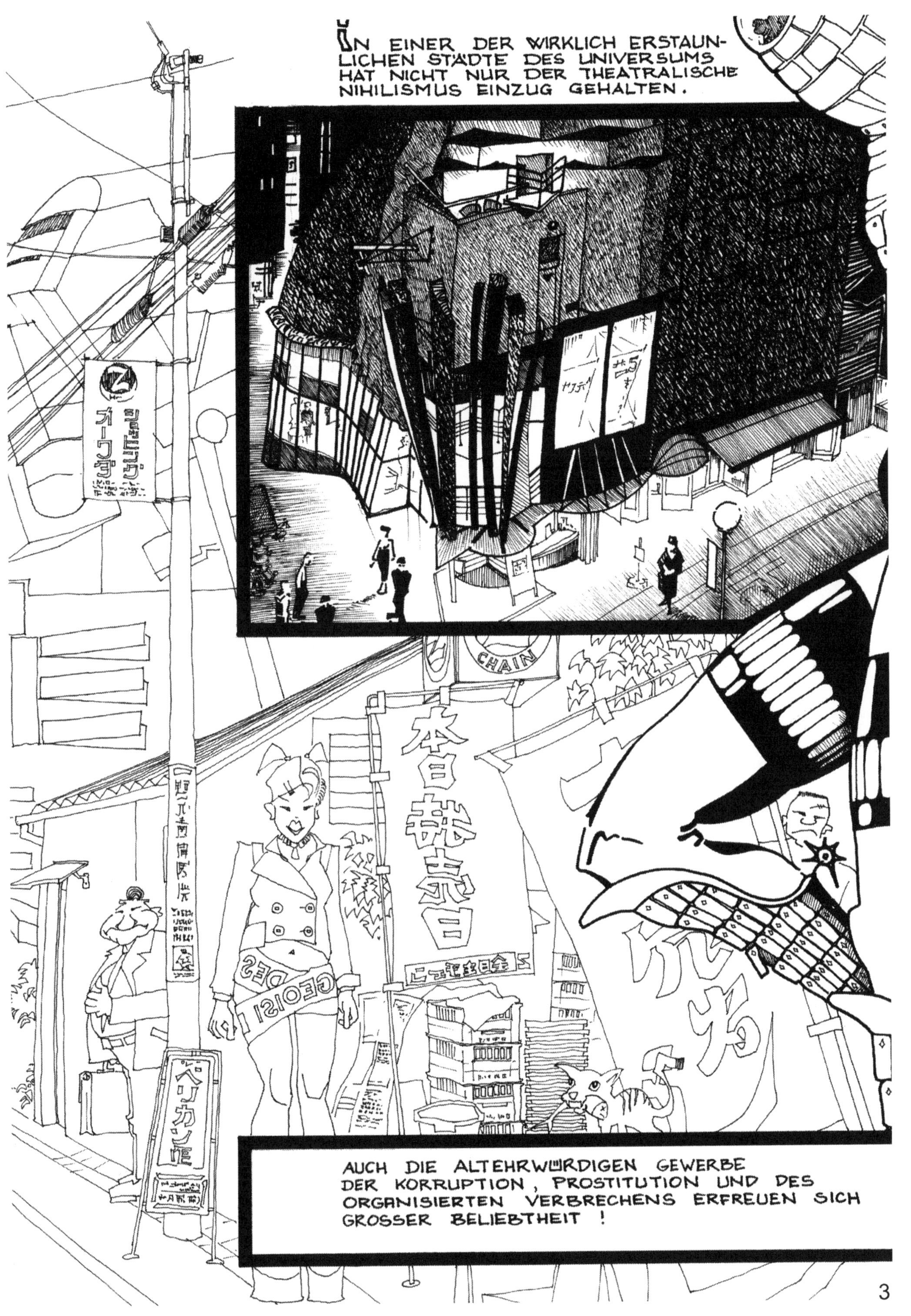

IN EINER DER WIRKLICH ERSTAUN-
LICHEN STÄDTE DES UNIVERSUMS
HAT NICHT NUR DER THEATRALISCHE
NIHILISMUS EINZUG GEHALTEN.

AUCH DIE ALTEHRWÜRDIGEN GEWERBE
DER KORRUPTION, PROSTITUTION UND DES
ORGANISIERTEN VERBRECHENS ERFREUEN SICH
GROSSER BELIEBTHEIT!

ITO-SAN - TOSHIRO MIFUME
JAPANESE SUITOR #1 - TAKASHI MATSUYAMA
JAPANESE PROSTITUTE #1 - HIDEO OGUNI
JAPANESE SUITOR #2 - SHINOBU HASHIMOTO
JAPANESE PROSTITUTE #2 - SOJIRO MOTOKI
JAPANESE CAT - LINUS
JAPANESE GUNMAN #1 - TAKASHI SHIMURA
JAPANESE GUNMAN #2 - KAMBEI SHIMADA
JAPANESE WAITRESS - IWAKI HACHI
JAPANESE GOVERNMENT OFFICIAL #1 - YOSHIO INABA
JAPANESE GOVERNMENT OFFICIAL #2 - GOROBEI
JAPANESE GOVERNMENT OFFICIAL #3 - SEIJI MIYAGUCHI
JAPANESE BIG BOSS #1 - KYUZO
JAPANESE BIG BOSS #2 - MINORU CHIAKI
JAPANESE PROSTITUTE #3 - MAD BUTTERFLY
JAPANESE PROSTITUTE #4 - OKI DOGO
FIDOR BOLZ - BRAD PITT
IKIHARA - SAN - IWAKI HACHINOHE
NINTENDO - KID - SHAWN - EATON KLÖSKES
ANKE GELDPFENNIG - JEANIE
OFFICE CLERK #1 - WILLIAM HOLDEN
OFFICE CLERK #2 - JAMES DONALD
JAPANESE GUARDIAN - CAPTAIN KANEMATSU
DRUNK STORY TELLER - "HINDENBURG"
JAPANESE DRIVER - LILLI ULRICH
GERMAN PROSTITUTE #1 - SARAH LYNN
SHARK - SHARKY
ACHIM QUH - CHE GUEVARA
MICHI - THEO LINGEN
PIET NICKELMANN - HEINZ RÜHMANN
JAPANESE TOURIST - TOI KOBE
AOKI - SCARLET O'HARA
JAPANESE COOK - SVEN ULRICH
JAPANESE WOMAN - OMUTA HAMAMATSU
ELDERLY COUPLE - REGINE KIRSEBAUER
- MICHAEL WOLFERTS
FOREMAN - LEONARDO DICAPRIO
KLAUS - MANFRED OSENBRÜGGE
PAT WOMAN WITH DOG - HASI HASCHERL WITH SCHNUCKI
MEMBERS OF PARLIAMENT - TOTAL VERLOGEN
- VÖLLIG KORRUPT
- ABSOLUT UNFÄHIG
- FASTSCHON DEBIL
- NURNOCH MACHTVERSESSEN
- ABA IMMERHIN
- DEMOKRATISCH GEWÄHLT
MR. HOBBES - HIMSELF
CAKE GIRL #1 - TITI MELONES
CAKE GIRL #2 - BIGGI BOOBES
ICHIDA KRETINAWA - DAISUKE KATO (DER ÄLTERE)
JAPANESE PITCHER - JOE DIMAGGIO
OLD WOMAN IN BUS - HELGE JÄGER-SCHIMITZEK
LITTLE KID #1 - KEVIN
MAN IN BUS - MARGARET RUTHERFORD
LITTLE KID #2 - DENNIS
YOUNG WOMAN IN BUS - INKO GNITO

CARMEN - MARCELA PEREZ
CINDY - BRIGITTE MIRA
GROUP OF ARCHITECTS - GERT MATTENKLOTT
- HERMANN MUTHESIUS
- MAX TAUT
- RENZO PIANO
BARBARELLA - JANE FONDA
JAPANESE WAITOR - SHICHIROJI
JAPANESE BODYGUARD #1 - KO KIMURA
JAPANESE BODYGUARD #2 - FUMIO HAYASAKA
COUPLE IN THE RAIN - GENE KELLY
- KATE MOSS
PEARL DIVER - FLIPPER
DANCING COUPLE - JOHN TRAVOLTA
- OLIVIA NEWTON JOHN
ZINNENBLECH - W. FROHNE
HORSE - FURY
GERMAN PROSTITUTE #2 - LOLLY B.
GERMAN PROSTITUTE #3 - DR. MÜLLER
MALE BUILDING DEPT. OFFICIAL - JERRY GANA
LARA CROFT - ANGELINA JOLIE
FEMALE BUILDING DEPT. OFFICIAL - STEPHANIE VON MONACO
DREAM MAN - THORSTEN KNAUER
MAN WITH GLASSES - HOYA LENS
POLICE OFFICERS - K.H.K. PIAZETTA
- P.O.M. KILLRICH
- H.K. BRATULEIT
- P.O.M. HOFKUWITZ
- M.E.S. DROESDORF
- K.O.K. MÖNCH
SCAFFOLDING FOREMAN - BILL BO
SCAFFOLDING WORKERS - URMEL
- WAWA
- SCHUSCH
- PROF. HABAKUK TIBATONG
- WUTZ
- SEEELEFANT
JAPANESE HELICOPTER PILOT #1 - XIAOFEN LUO
JAPANESE HELICOPTER PILOT #2 - SCIFFY
YOKI - SAN - HIROAKI YOSHIDA
BURAIKAN - SAN - WANG TSU-HSIEN
ALEXANDER GINNES - COLONEL NICHOLSON
KÖHLER - STARSKY
BOTT - HUTCH
JAPANESE FIGHTER PILOT - MITSUBISHI ZERO
US CITIZEN WHO DID NOT VOTE - UNCLE SAM
BUSH
TRUCK DRIVER - MACK BLÜSSING
GAY WORKER #1 - ALFRED BIOLEK
GAY WORKER #2 - TOM SELLECK
WORKER FIL - PHIL TAEGGERT
BANANA WORKER - HARRY BELAFONTE
MENSTRUATION SCOLAR - CAMELIA O'BALLY
POSTMAN #1 - THOMAS GOTTSCHALK
POSTMAN #2 - HISBLIEDN BRO
JAKUZA #1 - KOHEI EZAKI
JAKUZA #2 - SHICHI-NIN NO SAMURAI
CLAUDIA - HATNEN SCHÄFERHUND

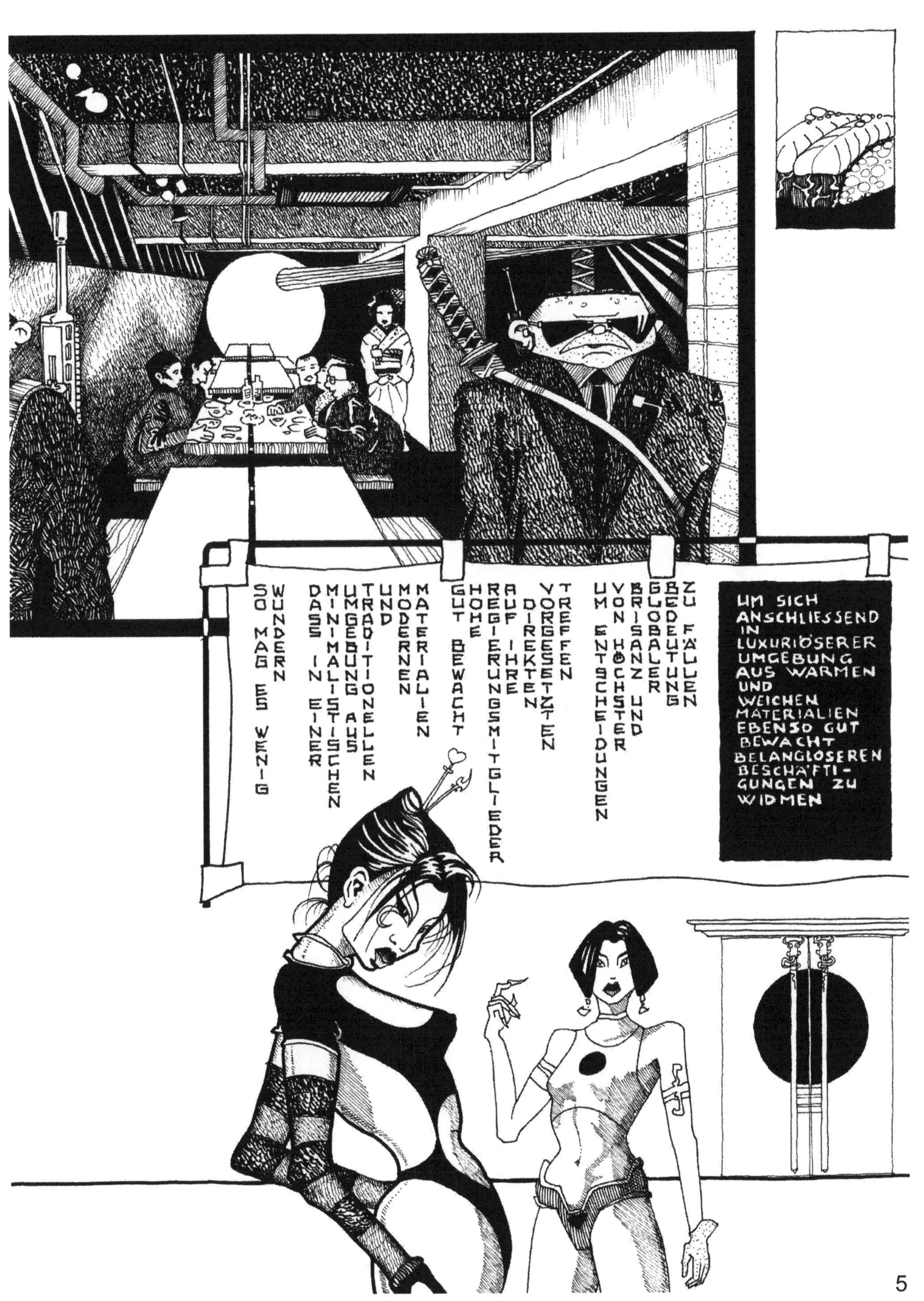

SO MAG ES WENIG
WUNDERN
DASS IN EINER
MINIMALISTISCHEN
UMGEBUNG AUS
TRADITIONELLEN
UND
MODERNEN
MATERIALIEN
GUT BEWACHT
HOHE
REGIERUNGSMITGLIEDER
AUF IHRE
DIREKTEN
VORGESETZTEN
ZU TREFFEN
UM ENTSCHEIDUNGEN
VON HÖCHSTER
BRISANZ UND
GLOBALER
BEDEUTUNG
ZU FÄLLEN
UM SICH ANSCHLIESSEND IN LUXURIÖSERER UMGEBUNG AUS WARMEN UND WEICHEN MATERIALIEN EBENSO GUT BEWACHT BELANGLOSEREN BESCHÄFTIGUNGEN ZU WIDMEN

ZWEI TAGE SPÄTER IN EINER EBENSO ERSTAUN- LICHEN, WENN AUCH DEUT- LICH HARMLOSEREN STADT DESSELBEN UNIVERSUMS ERWARTEN ITO-SAN UND SEIN STELLVERTRETER FIDOR BÖLZ EINEN HOHEN GAST:
IKIHARA-SAN
WIR WERDEN NUN ZEUGE DES JAPANISCHEN BE- GRÜSSUNGSRITUALS:
OHÁYO GOZAIMAS !!!
NACH EINER TIEFEN VERBEUGUNG ...
IKIHARA-SAN
TASHUMI BUILDING CORP.
SPECIAL-AGENT
TEL: 0800-GO
IMPERIAL DEP
HARA @ TASHUM
ITO-SAN
TASHUMI BUILDING CORP.
BERLIN-MANAGER
...WERDEN DIE VISITENKAR- TEN GETAUSCHT...
... BESTAUNT...
ANKUNFT ARIVAL
...UND MIT EINER ERNEUTEN VERBEUGUNG IN DER INNEN- TASCHE VERSTAUT

THIS IS BÖLZ SAN, HETTO-NÄÄÄ! OUR BEST MAN IN GERMANY!
WE NOW SHOW YOU OUR GERMAN OFFICE!

UND MIT SEINEN DREI JAHREN KANN ER SOGAR SCHON NINTENDO SPIELEN - STUNDENLANG!

A! SO DES KA!
DID YOU MAKE THE APPOINTMENT WITH THE CHIEF OF BUILDING DEPT 2!
A! SO! VERY GOOD!

HELLO IKIHARA-SAN! I HOPE S'ÄT YOU A GOOD FLUG HAD, SACH' ICH MAL!
OH, YES, IT IS ALL ARRAN-GIERT, I SAY, NE!
BÖLZ - SAN IS BEST MAN, NE!!

TASHUMI BUILDING CORP.
OUR OFFICE
HELLO MR. IKIHARA! MR. ITO, THERE IS AN URGENT FAX FOR YOU!

A! MAKE THREE COPIES AND SEND TO TOKYO HEAD-QUARTERS, NE, QUICK, NE!
BUT MR. ITO, THAT'S WHERE IT COMES FROM!

KA?
A! SO DES KA!
HA HA HA

WÄHREND STARARCHITEKTEN UND OBERBAULEITER HOCH ÜBER DEN DÄCHERN BERLINS IN LUXURIÖSEN BÜROS VON SCHÖNEN, JUNGEN UND !! SCHLAUEN SEKRETÄRINNEN BETREUT WERDEN, ARBEITEN IM KELLER ENTSCHLOSSEN, PRODUKTIV, AUSDAUERND DIE NIEDEREN MITGLIEDER DES TEAMS. DIE STATIKER, HAUSTECHNIKER, KALKULATOREN, EXPERTEN FÜR AUSSCHREIBUNG, LEISTUNGSVERZEICHNISSE UND BAUKOSTEN, SIND AUF ERFOLG PROGRAMMIERT !
DIE PLANER DIESES RAUMES HABEN AN KEINER STELLE IHREN EINFALLSREICHTUM BESCHNITTEN. NUR EIN BEISPIEL: VON ETWA 10°° BIS 12°° UHR FÄLLT BESTES TAGESLICHT DURCH DIESEN KELLERLICHTSCHACHT.
MIT DEM ERSTEN PEITSCHENKNALL UM 5°° UHR MORGENS BEGINNT IHR AUSGEFÜLLTER ARBEITSTAG UND ENDET SCHON UM MITTERNACHT MIT EINER KLAREN REISSUPPE, DIE SIE KOSTENLOS !!! VON DER FIRMA ERHALTEN ! IHRE 10 URLAUBSTAGE WIDMEN SIE GERNE FREIWILLIG !!! IHRER ARBEIT.

JEDOCH: KAUM IST DER AUFSEHER VORBEI STECKEN SIE DIE KÖPFE TUSCHELND ZUSAMMEN, EINEM SCHIZOPHRENEN DRANG NACH SABOTAGE ERLEGEN, DER JEDEM ANGESTELLTEN ANGEBOREN IST.

HAST DU SCHON GEHÖRT, SIE HABEN EINEN NEUEN SKLAVENTREIBER AUS JAPAN EINGEFLOGEN: IKIHARA. VIELLEICHT NEHMEN SIE DAS SCHLOSSPLATZPROJEKT WIRKLICH ERNST.
DU MEINST, DER IST GAR NICHT STRAFVERSETZT, SO WIE ITO, DER SEINERZEIT IN ÄGYPTEN EINEN FLUGHAFEN IN DEN SAND GESETZT HAT? DAMALS MUSSTEN SIE JA EINE PAZIFIK INSEL VERKAUFEN, UM DEN VERLUST AUSZUGLEICHEN !

NEIN, NEIN! ICH WETTE, ITO SITZT IN ZWEI WOCHEN IM FLIEGER NACH SIBIRIEN, UM EINE GEFRIERSCHRANKFABRIK ZU BAUEN !
DIE KANN ER DANN ZUR ABWECHSLUNG MAL IN DEN SCHNEE SETZEN !
HA HA HA
Hi Hi Hi

DIESES 40 WATT LEUCHTMITTEL SORGT IN DER TAGESLICHT-FREIEN ZEIT FÜR DIE AUSLEUCHTUNG DES RAUMES
UND VON ETWA 14°° BIS 16°° UHR FÄLLT REINSTES TAGESLICHT DURCH DIESEN KELLERLICHT-SCHACHT

GESTERN HABE ICH VERSUCHT, IHM ZU ERKLÄREN, DASS MAN ALS BRANDABSCHNITTS-TÜR KEINE ROHRENSPAN MIT HUZ VERWENDEN KANN, NUR WEIL DIE BILLIGER WÄRE.
BIS EIN SANFTER PEITSCHENWOHLKLANG SIE WIEDER AN IHRE EIGENTLICHEN AUFGABEN ERINNERT.
KA POW KRÄTSCH
SPASS BEISEITE
DU HAST SCHON WIEDER VERSUCHT, ITO MIT WESTLICHER LOGIK ZU BEEINDRUCKEN? DU WEISST DOCH, DAS IST IHM ZU PRIMITIV! ER BEURTEILT KOMPLIZIERTERE ZUSAMMENHÄNGE NUN MAL KOMPLEXER...
DAS SIND DOCH HORRORGESCHICHTEN, DIE SPÄTESTENS SEIT DER ERFINDUNG DES COMPUTERS DER VERGANGENHEIT ANGEHÖREN! AUCH IN JAPANISCHEN FIRMEN! ODER? ODER ETWA NICHT?!

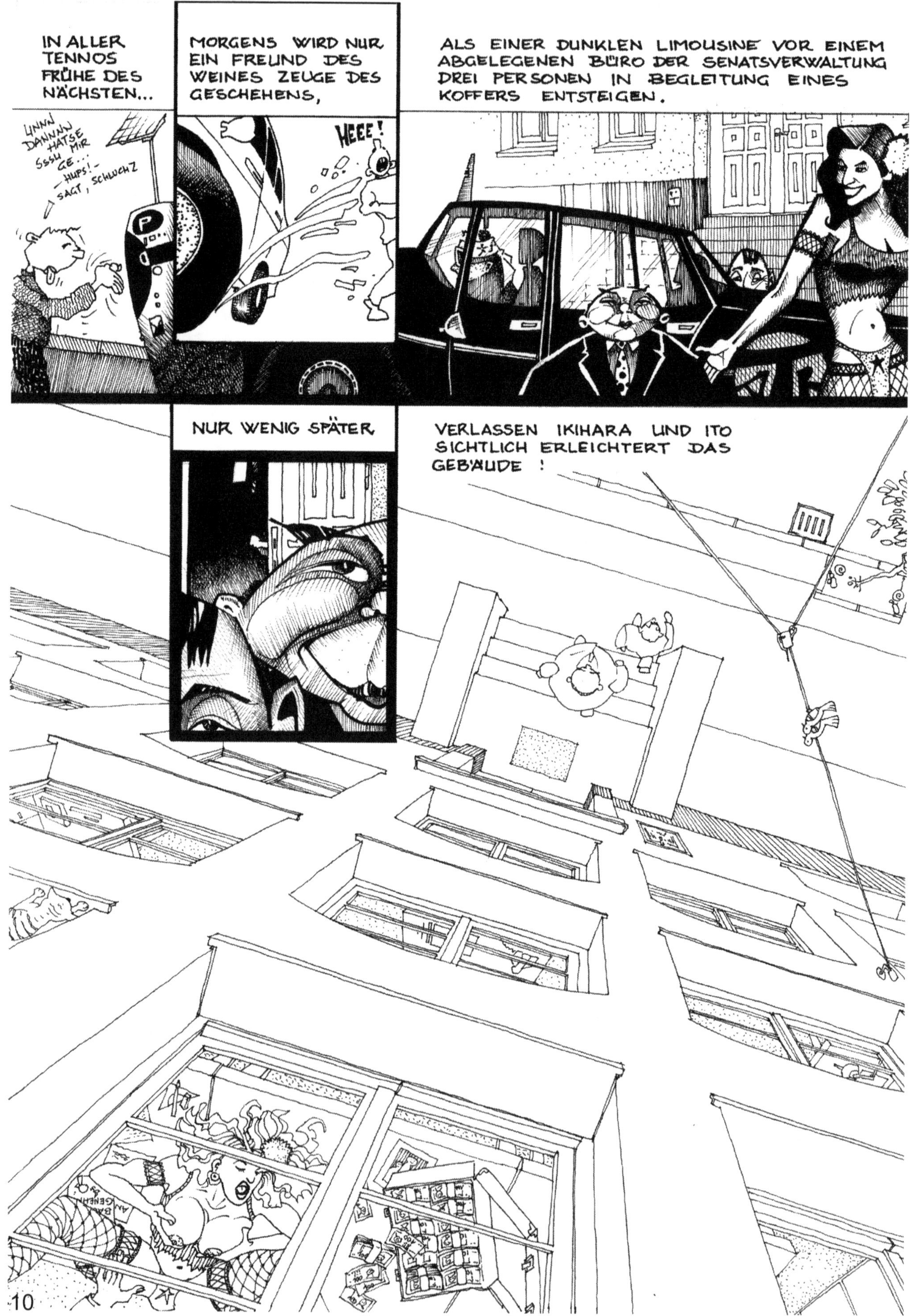

IN ALLER TENNOS FRÜHE DES NÄCHSTEN...
MORGENS WIRD NUR EIN FREUND DES WEINES ZEUGE DES GESCHEHENS,
ALS EINER DUNKLEN LIMOUSINE VOR EINEM ABGELEGENEN BÜRO DER SENATSVERWALTUNG DREI PERSONEN IN BEGLEITUNG EINES KOFFERS ENTSTEIGEN.
UNNN DANNNN HATSE MIR SSSH GE- —HUPS!— SAGT, SCHLUCHZ
HEEE!
NUR WENIG SPÄTER
VERLASSEN IKIHARA UND ITO SICHTLICH ERLEICHTERT DAS GEBÄUDE!

AUF DEM WEG ZURÜCK PRÄSENTIERT ITO SEINEM GAST EINIGE DER HERAUS-
RAGENDEN PROJEKTE, DIE ER MIT TASHUMI BISHER IN BERLIN VERWIRK -
LICHEN KONNTE :
1.) INDUSTRIEBRACHE OST

ZURÜCK IM BÜRO WERDEN DIE BEIDEN VON BÖLZ ERWARTET.
HELLO IKIHARA-SAN! DID YOU GET SE BAU-GENEHMIGUNG?
SO DES !
UND WÄHREND IKIHARA MIT JAPAN TELEFONIERT, ITO ÜBERLEGT, OB ER DAS FAX NICHT DOCH NACH TOKIO SCHICKEN SOLL UND BÖLZ VOR FREUDE AUF DEM KLO VERSCHWINDET, BEGINNEN
DIE SEKRETÄRIN ANKE GELD-PFENNIG ...
UND DER BAUZEICHNER ACHIM QUH SCHON MAL MIT DEN WICHTIGEN DETAILS:
FÜR DAS SCHLOSSPLATZPROJEKT? DA REICHT ERST MAL EIN BAULEITER. DEN REST MACH ICH SCHON.
SAG MAL ACHIM, WIEVIEL NEUE BRAUCHEN WIR JETZT?
CLICK CLICK CLICK
SCHLOPLATZ
WO JETZT HAST DU DENN DIE ZEITUNG HER?
ANDERSWO SCHON AM NÄCHSTEN MORGEN:
CLICK CLICK CLICK CLICK CLICK
FLOOR PL 31st Flo
DIE STECKTE IN DER TÜR ALS ICH REIN KAM KANN NICHT SCHADEN, MAL IM KONKURRENZBLATT ZU SCHNÜFFELN !
GRÖSSTE TAGESZEITUNG GRÖTZ
STELLENANGEBOTE
TAGESZEITUNG TZ
BLUTRÜNSTIGES AUS ALLER WELT
5.12.2001
S.2
REISEBUS AUS STUTTGART VON BAUKRAN ERSCHLAGEN!
KRANFÜHRER ÜBERLEBTE UNVERLETZT:
"DAS WAR'NE MORDSGAUDI"
50 TOTE
SCHON WIEDER MALARIA IN BERLIN !!!!!
MEDIZINER RATLOS !!!!!
TOT SEX BLUT
OPFER:
HABEN ES ZUFALL TUN
TASHUMI BUILDING CO SUCHT NUR DEN BESTEN ARCHITEKTEN*
PLANUNG, AUSSCHREIBUNG, BAULEITUNG, CAD, ENGLISCH, JAPANISCH SCHEISSEGAL, SIE KÖNNEN ALLES ?
ES-EM-ESSEN SIE UNS IHRE AUSSAGEKRÄFTIGE KURZBEWERBUNG AN 0177-NIPPON-DE
ES GEHT UM DEN SCHLOSSPLATZ
* AUS RECHTLICHEN GRÜNDEN SIND WIR LEIDER GEZWUNGEN, AUCH BEWERBUNGEN VON FRAUEN ZUZULASSEN !
TASHUMI BUILDING POTSDAMER PLATZ
GEWINNEN SIE IHREN JOB GROSSE TOMBOLA LOSE AB 100,-€
ARBEITEN FÜR LAU! 16 STUNDEN AM TAG
RUFEN SIE SOFORT AN !!!
L.A.U.-ARCHITEKTEN
030-42424242
(UNS BEZAHLT AUCH KEINER) -HALTSFORDERUNGEN SINNLOS!
30 JAHRE IM JOB MINDESTENS! BESSER MEHR NICHT ÄLTER ALS 25! SOFORT GELD
OTTO-ARCHIMED RUCK-ZUCK-B
SUCHT OBERBAULEITER EIN PROJEKT ALTBAUSANI STICHWORT AUSSENKL TEL. 03 FAX 0?
WIR NIET AR U

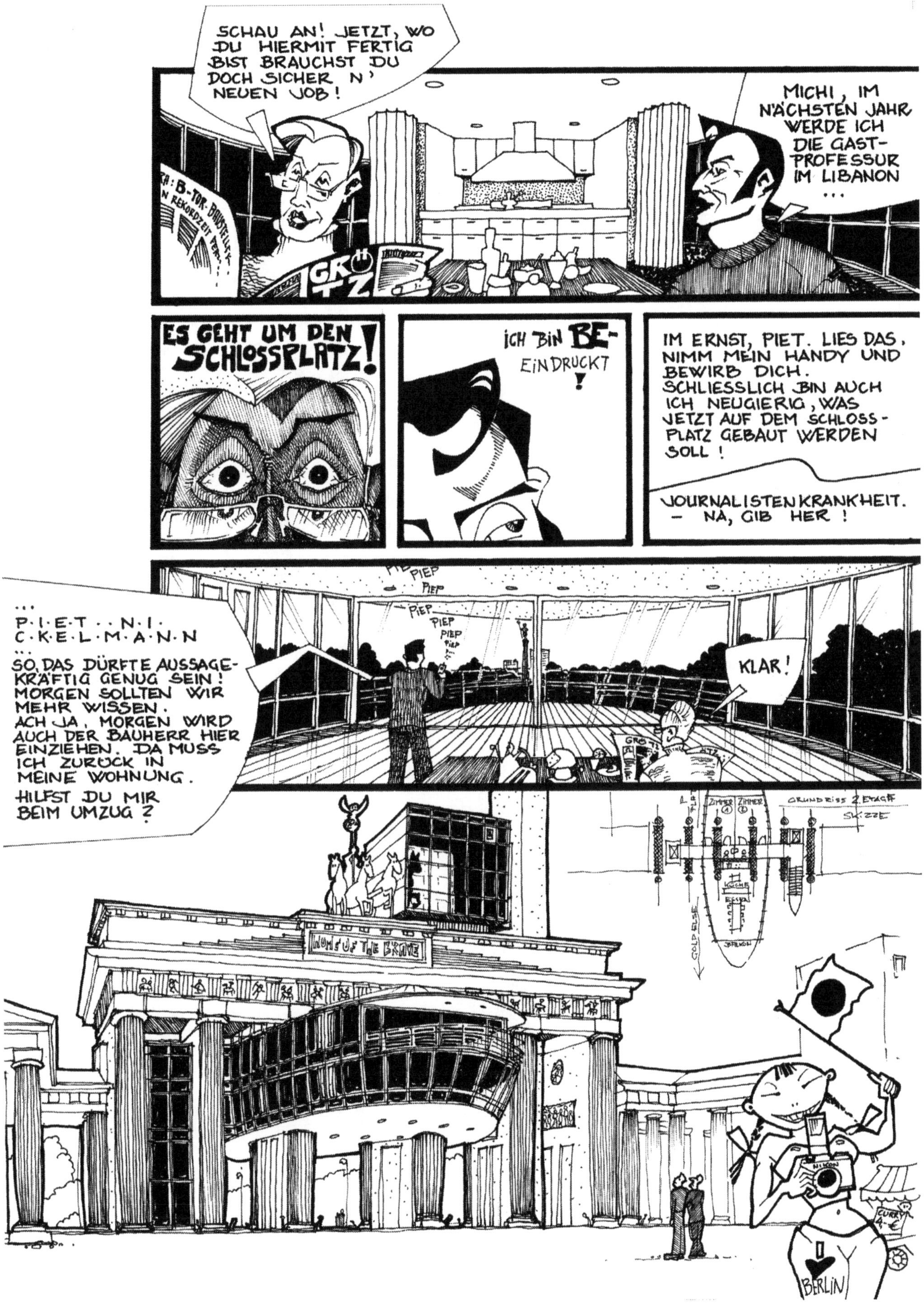

SCHAU AN! JETZT, WO DU HIERMIT FERTIG BIST BRAUCHST DU DOCH SICHER N' NEUEN JOB!
MICHI, IM NÄCHSTEN JAHR WERDE ICH DIE GAST-PROFESSUR IM LIBANON ...

ES GEHT UM DEN SCHLOSSPLATZ!

ICH BIN BE-EINDRUCKT!

IM ERNST, PIET. LIES DAS, NIMM MEIN HANDY UND BEWIRB DICH. SCHLIESSLICH BIN AUCH ICH NEUGIERIG, WAS JETZT AUF DEM SCHLOSS-PLATZ GEBAUT WERDEN SOLL!
JOURNALISTENKRANKHEIT. - NA, GIB HER!

PIEP PIEP PIEP PIEP PIEP PIEP
.. PIET..NI.CKELMANN..
SO, DAS DÜRFTE AUSSAGEKRÄFTIG GENUG SEIN! MORGEN SOLLTEN WIR MEHR WISSEN. ACH JA, MORGEN WIRD AUCH DER BAUHERR HIER EINZIEHEN. DA MUSS ICH ZURÜCK IN MEINE WOHNUNG.
HILFST DU MIR BEIM UMZUG?
KLAR!
GRUNDRISS 2. ETAGE
SKIZZE
ZIMMER
KÜCHE
GOLD ELSE
HOME OF THE BRAVE
BERLIN
CURRY 4-€

MOIN! ICH HAB' MAL DAS REDAKTIONSLASTER MITGEBRACHT. WO SIND DEINE SACHEN?
MOIN, MOIN. ICH SITZE DRAUF!
TAGS DRAUF
NA, DANN REIN DAMIT
GIBT'S WAS NEUES VON TAMU...TATI... TUSHI... VON DEN JAPSEN?
BEIRUT MUSS WARTEN. SIE HABEN MICH ANGERUFEN, ICH SOLLE SOFORT VORBEI KOMMEN UND DANN HABEN SIE MICH PRAKTISCH AUF DER TÜRSCHWELLE ANGEHEUERT. MITTAGS HABEN SIE MICH GLEICH INS SUSHI-TO EINGELADEN..
NOBEL, NOBEL! IST DAS NICHT VON KOHLKOPF GEBAUT?
SUSHI-TO
SUSHI-TO
SUSHI-TO
P

KOHLKOPF? NE, DAS WAR EINER VON DIESEN ÜBERKARTOFFEL-JAPANERN! NA, JEDENFALLS DABEI WAREN EIN KLEINER DICKER, ITO-SAN, DER WOHL DEN ÖRTLICHEN BÜROVORSTAND GIBT, ABER ABSOLUT NICHTS IM KOPF HAT UND IKIHARA, EIN MACHER FRISCH AUS JAPAN. DIE HABEN DOCH GLATT DIE GENEHMIGUNG FÜR EIN RIESIGES WOHN- UND GESCHÄFTSHAUS BEKOMMEN. DIE WOLLEN DEN GESAMTEN SCHLOSSPLATZ ÜBER- UND DIE KOMPLETTE MUSEUMSINSEL UNTERBAUEN, DEN PALAST MACHEN SIE GLEICH MIT PLAT. FÜRS MITTAGESSEN UND EIMERWEISE SAKE HABEN SIE 1000-€ DAGELASSEN. NACH DEM GEHALT HABEN SIE GAR NICHT ERST GEFRAGT. IKIHARA HAT MIR LÄCHELND 'NEN BLANKO-SCHECK GEGEBEN. ICH SOLL REINSCHREIBEN, WAS ICH FÜR DEN REST DES JAHRES FÜR ANGEMESSEN ERACHTE...
EDGAR MEDIEN AG
GRATIS
ICH WILL
SAKE
HEUTE LESEN WAS MORGEN PASSIERT
DER SEHER
DIE ZEITUNG BERLINS
NEVER FORGET PEARL HARBOUR!
NEUKÖLLN!
NOCH KANNST DU UMKEHRE FREMDE
GIB FREMDER
DER SEHER
DIE ZEITUNG BERLINS
WWW.SEHER.COM
RAT TAT TAT
APARGH
RAT TAT
GESCHÄFTLICH NACH NEUKÖLLN, Aber die UZI klemmt? WIR SIND FÜR SIE DER HANDFEUERWAFFEN SOFORTDIENST TEL 030-
WAS IST DENN HIER LOS?
DU BEKOMMST AUCH GAR NICHTS MIT! DAS HIER IST DIE NEUESTE TOURISTEN-ATTRAKTION BERLINS: DER NEUKÖLLN-ADVENTURE-PARK. NACH DEM MOTTO 'LIVE UP TO YOUR IMAGE' VERDIENEN SIE DAMIT MEHR KOHLE ALS DIE BANKGESELLSCHAFT JE VERHEIZEN KANN.

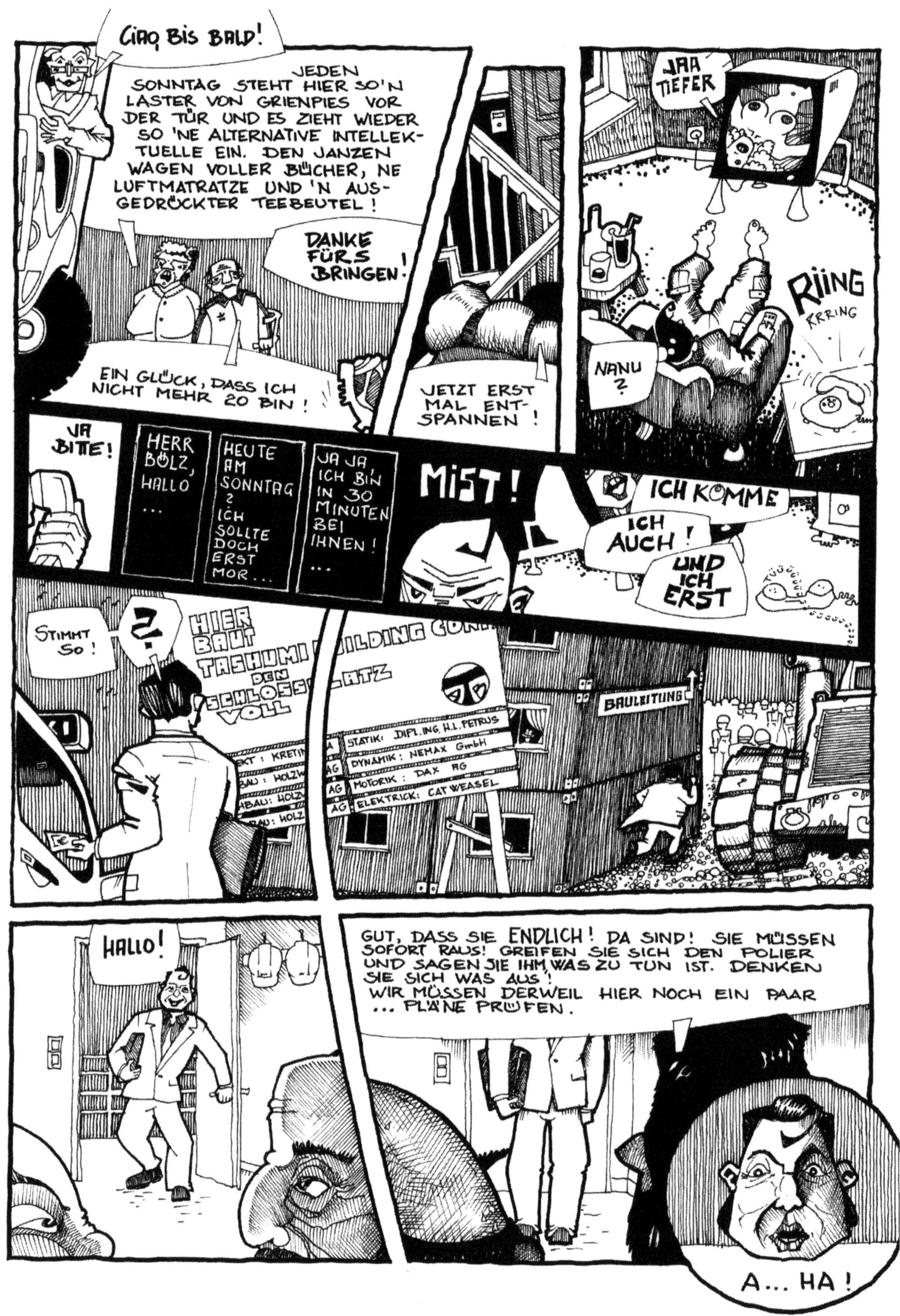
CIAO BIS BALD!
JEDEN SONNTAG STEHT HIER SO'N LASTER VON GRIENPIES VOR DER TÜR UND ES ZIEHT WIEDER SO 'NE ALTERNATIVE INTELLEKTUELLE EIN. DEN JANZEN WAGEN VOLLER BÜCHER, NE LUFTMATRATZE UND 'N AUSGEDRÜCKTER TEEBEUTEL!
DANKE FÜRS BRINGEN!
EIN GLÜCK, DASS ICH NICHT MEHR 20 BIN!
JAA TIEFER
RIING
KRRING
NANU ?
JETZT ERST MAL ENTSPANNEN!
JA BITTE!
HERR BÖLZ, HALLO ...
HEUTE AM SONNTAG ? ICH SOLLTE DOCH ERST MOR ...
JA JA ICH BIN IN 30 MINUTEN BEI IHNEN! ...
MIST!
ICH KOMME
ICH AUCH!
UND ICH ERST
STIMMT SO!
?
HIER BAUT TASHUMI BUILDING CONT... DEN SCHLOSSPLATZ VOLL
KT : KRETIN
BAU: HOLZW
BAU: HOLZ
BAU: HOLZ
STATIK: DIPL. ING. H.I. PETRUS
DYNAMIK : NEMAX GmbH
MOTORIK : DAX AG
ELEKTRICK: CAT WEASEL
BAULEITUNG
HALLO!
GUT, DASS SIE ENDLICH! DA SIND! SIE MÜSSEN SOFORT RAUS! GREIFEN SIE SICH DEN POLIER UND SAGEN SIE IHM WAS ZU TUN IST. DENKEN SIE SICH WAS AUS! WIR MÜSSEN DERWEIL HIER NOCH EIN PAAR ... PLÄNE PRÜFEN.
A... HA!

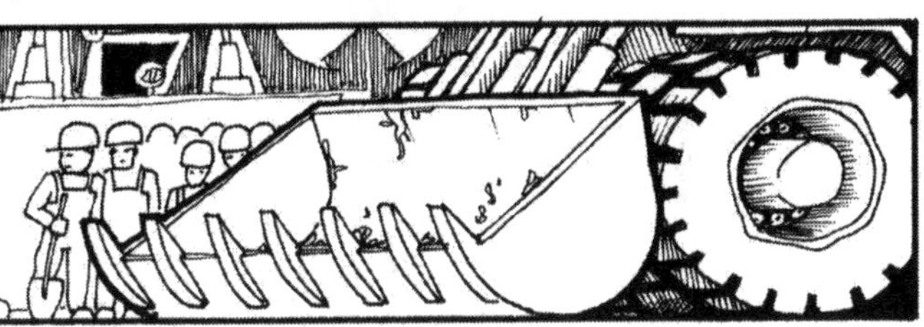

*1: Auf einer Baustelle wird nur akzeptiert, wer brüllt. Selbst wenn Bildung, Verstand und besseres Wissen einem Arbeiter zu verstehen geben, dass es besser ist, einem Bauleiter zu gehorchen, er tut es nur, wenn auch die Lautstärke stimmt. In dieser Hinsicht hat seit dem Mammut-Fang leider keine Entwicklung stattgefunden.

IM BAUBÜRO BE-
SCHÄFTIGT SICH
PIET MIT DEN
VORABZÜGEN
DER PLÄNE FÜR
DIE KELLERGE-
SCHOSSE, DIE
ENDLICH EINGE-
TROFFEN SIND.
DETAIL M 1:20
110 DEADOG CHINA IMBISS 447.3 H
TIEFGARAGE M1:200
GRUND RISSE 1:50 ACHSEN 17-34
SCHAL- PLÄNE 4. BAUABSCHN.
GRUND- LEITUNGS- PLÄNE
STATIK TEIL III.
SCHNI M1:100
EILT
Tsss Tsss Tsss ...

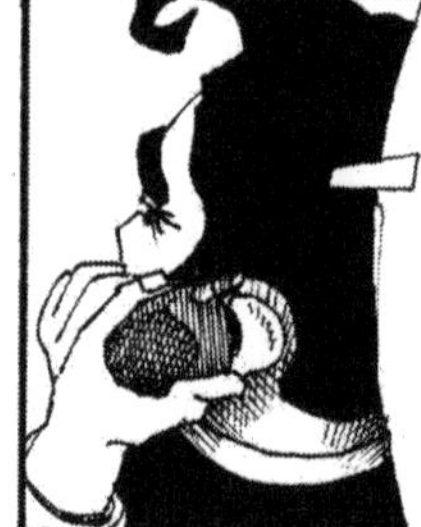

HALLO ACHIM! HIER IST PIET. SAG MAL, WAS SIND DENN DAS FÜR PLÄNE? ICH DACHTE, WIR BAUEN EIN WOHN- UND GESCHÄFTSHAUS?

DAS DARFST DU MICH NICHT FRAGEN, ICH FIND' DAS JA AUCH KOMISCH. ABER DAS IST HIER IMMER SO. DIE PLÄNE KOMMEN DIREKT AUS JAPAN. WIR PASSEN SIE NUR AN HIESIGES BAURECHT AN. WENN DU FRAGEN STELLST BEKOMMST DU NUR BLÖDE ANT- WORTEN ODER WIRST GEFEUERT.
CLICK CLICK CLICK
SCHLOS

NA DANKE! WANN KOMMEN EIGENTLICH DIE PLÄNE FÜR DIE OBER- GESCHOSSE?
MACH KEINE WITZE. ICH MELDE MICH, SOBALD ICH DAS EIN- SCHÄTZEN KANN. CIAO!
NA SU- PA!

PIEP PIEP PIEPIEP
KLAUS? HAST DU MORGEN ABEND ZEIT? ... ICH MUSS DICH WAS FRA- GEN... JA, 20ºº UHR, BRÜCKE ZUR INSEL DER JUGEND... SUPER!

HALLO PIET, WAS GIBT ES DENN SO DRINGEN- DES?
LASS UNS EIN TRETBOOT NEHMEN!
POLI

WAS WEISST DU ÜBER DIE BAUGENEHMIGUNG ZUM SCHLOSSPLATZ?
ZENNER BIERGARTEN
HEISSA HOPSA!
POLIZEI
MISSISSIPPI QUEEN 42
NICHT VIEL. NUR DASS ALLES VERDAMMT SCHNELL GING... WARUM?

ICH WEISS AUCH NICHT... ALLE PLÄNE, DIE ICH BIS JETZT GESEHEN HABE, ERINNERN SO GAR NICHT AN EIN "WOHN- UND GESCHÄFTS- HAUS". KANNST DU DICH MAL VORSICHTIG IM AMT UMHÖREN?
KLAR!
WASSERSCHUTZPOLIZEI
OLGA I
QB

DOCH DER NÄCHSTE TAG BEGINNT UNERFREULICH...

...NIMMT IM VERLAUF AN SPANNUNG ZU...

OHNE SPÄTER AN SCHÄRFE ZU VERLIEREN.

EIN GANZ NORMALER TAG ALSO, BIS ENDLICH:

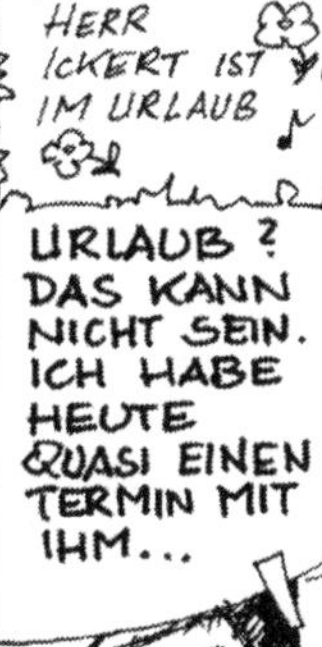

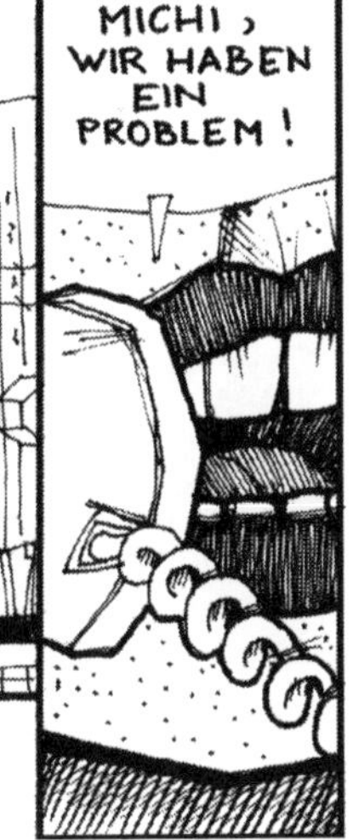

DAS SCHLOSSPLATZPROJEKT. DA IST WAS FAUL!
EIGENTLICH SOLL DAS EIN WOHN- UND GESCHÄFTS-
HAUS SEIN. NUR: ES SIEHT NICHT DANACH AUS! DA
GIBT ES RIESIGE HALLEN, DEREN NUTZUNG NICHT
DEFINIERT IST, SICHERHEITSTRAKTE, DIE FORT KNOX
EHRE MACHEN WÜRDEN UND BLANKO-BEREICHE, ÜBER
DIE NUR DIE JAPANER ETWAS WISSEN... EIGENTLICH
SOLLTEN WIR JA AUCH EINE KOPIE DER BAUGENEH-
MIGUNG VOR ORT HABEN, ABER DIE DURFTE ICH
NOCH NICHT SEHEN. SIE SEI IM TRESOR, HIESS ES
UND ITO HABE DEN EINZIGEN SCHLÜSSEL UM-
HÄNGEN.

HMMM...

DU KENNST KLAUS.
VIELLEICHT HAT ER
EINFACH NICHT MEHR
AN DEN URLAUB
GEDACHT, ALS IHR
EUCH UNTERHALTEN
HABT?!
VIELLEICHT IST ER
ALSO WIRKLICH
NUR VERREIST.
WAS IST EIGENTLICH
MIT SEINER FREUN-
DIN, ... CLAUDIA?

OK. MÖGLICH IST'S.
FÜR EINE STORY
IM "SEHER" REICHT
ES NOCH NICHT.
WIR MÜSSEN MEHR
HERAUSFINDEN!
ICH HÖRE MICH UM
UND DU HALT MICH
AUF DEM LAUFEN-
DEN. NOCH WAS:
WENN DU GANZ GE-
GEN DEINE GEWOHN-
HEIT DEN BAU VER-
ZÖGERN KÖNNTEST,
GEWINNEN
WIR
ZEIT
!

ROCCO GEHORCHT UND HÖRT AUF ZU BETTELN !
HEEEP
WARF
SLURP
AU
FLATSCH
OAAAA! HUNDI SÜSS !

ROCCO! WIRST DU WOHL DEM HERRN SEIN ESSEN ZURÜCKGEBEN!

ACH LASSEN SIE IHN, DAVON WIRD ER SICHER NICHT DICK.

KOMM, WIR TRINKEN GEGENÜBER NOCH 'N ESPRESSO.
YUP!
SCHLABBER

HAST DU DAS GESEHEN? WIE EKELIG!
JA, NICHT MAL LÖFFEL UND GABEL HAT ER GENOMMEN !
NEIN, ICH MEINE DAS FRAUCHEN. SIE HATTE 3 PORTIONEN GNOCCHI IN GORGONZOLA-SOSSE !

ICH HABE AUCH SCHON EINE IDEE: MORGEN FRÜH GEHE ICH VOR ALLEN ANDEREN ZUR BAUSTELLE UND SCHALTE DIE GRUBENPUMPEN AUS. BIS DIE ARBEITER KOMMEN, HABEN WIR EINEN KLEINEN SEE UND DAS BRINGT SCHON MAL DEN ERSTEN TAG !
PRIMA!
EDGAR AUF DER KARTE
570 A+B, ON FRIDAY, ALLES MEI..., ... RÖCHEL...

AM NÄCHSTEN MORGEN UM 4 BETRITT PIET REICHLICH UNAUSGESCHLAFEN DIE BAUSTELLE
DIESES HAUS WIRD GROSS + SCHÖN
BAUSTELLE VERBOTEN
RADIOAKTIV MÜLL
GIFTM...
NUR LEISE JETZT !
KRACKS
HUCH!
KNARRRR

NICKELMANN! ENDLICH HABEN SIE BEGRIFFEN, DASS WIR HIER LEISTUNG ZEIGEN MÜSSEN! KOMMEN SIE HEREIN, WIR KÖNNEN JEDE HAND GEBRAUCHEN, ZUR VORBEREITUNG UNSERER PRÄSENTATION.
GUTEN MORGEN, ZUSAMMEN, OHĀYO GOZAIMAS!
WELCHE PRÄSENTATION?
IKIHARA-SAN?
TELL HIM!
UM 10 UHR PRÄSENTIEREN WIR DEM PLANUNGSAUS-SCHUSS DER REGIERUNG, DER FÜR DEN SCHLOSS-PLATZ ZUSTÄNDIG IST, UNSERE VORSCHLÄGE FÜR DIE FASSADENGESTALTUNG.
ICH DACHTE, WIR HABEN DIE BAU-GENEHMIGUNG?!
WIR HABEN EIN AUSGEZEICHNETES KONZEPT FÜR DIE NUTZUNG VORGELEGT. DER PLANUNGSAUS-... ICH MEINE, DIE STADT BERLIN WIRD DARAUS IMMENSEN NUTZEN ZIEHEN! FÜR DIE NUTZUNG HABEN WIR DIE GENEHMIGUNG. SELBSTVERSTÄNDLICH SETZT MAN GENÜGEND VERTRAUEN IN UNS, FÜR DIESES KONZEPT AUCH DIE PASSENDE GESTALTUNG ZU FINDEN. HEUTE WERDEN WIR BEWEISEN, DASS WIR DIESES VERTRAUENS WÜRDIG SIND!
BEGINNEN SIE MIT DEN UNTERLAGEN DORT HINTEN!
IM HINTERGRUND UNTERHÄLT SICH IKIHARA LEISE MIT ITO AUF JAPA-NISCH. NATÜRLICH HABEN WIR DIESE UNTERHALTUNG FÜR SIE ÜBERSETZT:
ITO-SAN, DER JUNGE MANN KOMMT DOCH NICHT ZUM ARBEITEN SO FRÜH HER!
AH, SO?
AH! JA JA JA JA JA JA, DAS IST GUT!
WIR MÜSSEN VORSICHTIG SEIN. DIESER MANN DENKT ZU VIEL. UND DANN NOCH DER MANN, DER IM BAUAMT DUMME FRAGEN GESTELLT HAT. ICH WERDE NICKELMANN HEUTE ZUM TURNIER EINLADEN. VIELLEICHT FINDET SICH EIN SCHATEN FÜR IHN!
JAPAN
ZOLL
EXPRES
IMPORT

PÜNKTLICH UM 10⁰⁰ UHR TRIFFT DER KONVOI VOR DEM REICHSTAG EIN !
KLEIN GARTEN KOLONIE WELT FRIEDEN E.V.
SECURITY A
DER DEUTSCHEN BANK UND JAPAN
UM EINE SCHIER END-LOSE SCHLANGE DER MITARBEITER VON TA-SHUMI IN DESSEN LABYRINTH ZU ENT-LASSEN
SAAL 3
TASHUMI
SCHLIESSLICH WERDEN IM SITZUNGSSAAL DIE AKTEN-KOFFER MIT DEN UNTER-LAGEN ÜBER-GEBEN , MAN MACHT SICH BEKANNT , DIE KOFFER-TRÄGER VER-LASSEN DEN RAUM, DIE PRÄSENTATION...

...BEGINNT:

MEINE DAMEN UND HERREN, ES GEHT UM DEN SCHLOSSPLATZ! UM **DEN** SCHLOSSPLATZ! DIE STADT IST IN DER KRISE, SEIT DAS ALTE SCHLOSS STARB UND DAS NEUE NICHT GEBOREN WERDEN KANN. AUS DIESER KRISE WERDEN WIR SIE NUN ENDLICH BEFREIEN! WIR HABEN, DER BEDEUTUNG DIESES PROJEKTES GEHORCHEND, DREI ENTWÜRFE VORBEREITET! DEN ERSTEN ENTWURF, ENTSTANDEN UNTER DER FEDER DES BEGNADETEN ARCHITEKTEN ISOZAZIKI SEHEN SIE...

...HIER:

GEIL !
EIN SOLCH AUFGE- LÖSTES GEBÄUDE IST DOCH EINE DEKON- STRUKTIVISTISCHE UTOPIE !
ABER WERTER HERR ! SO ETWAS WURDE DOCH SPÄTMODERN ODER REALSOZIALISTISCH SCHON HUNDERTFACH GEBAUT !
WIE DAS ALTE SCHLOSS, NUR VIEL SCHÖNER !
IST DAS NICHT EIN BISSCHEN ZU, ÄH, ZUCKERGUSSIG ?
NEIN, NEIN ! DAS IST PY-RA-MI-DAL !
ALLES WAS RECHT IST ! UND DEN HERRN ARCHI- TEKTEN WOLLEN SIE WO- MÖGLICH IN DER GRABKAMMER MIT EINMAUERN ?!
ICH VERSTEHE IHRE EINWÄNDE, MEINE DAMEN UND HERREN ! UND OHNE HERRN ISOZAZIKI ZU NAHE TRETEN ZU WOLLEN: AUCH WIR WAREN MIT DEM HIER ERREICHTEN NOCH LANGE NICHT ZUFRIEDEN ! WIR HABEN KEINE KOSTEN GESCHEUT UND EIN AUSSENSTE- HENDES ARCHITEKTURBÜRO VON INTERNATIONALEM RUF UM HILFE GEBETEN. SEHEN SIE NUN DEN ENTWURF DES BÜROS LECOR UND BUSIER !

P
P
4000 W
220 V ~
CE
OFF ON
FUEL
INFILL

ICH BIN EMPÖRT! ICH WAR SCHON IMMER GEGEN DIESE ART BLINDER ORDNUNG ZWECKRATIONALER ÜBERHEBLICHKEIT!

BRAVO, MEIN HERR! DIESES GEBÄUDE WURDE WAHRLICH LEIDENSCHAFTLICH ENTFÜHRT, GEFORMT UND ZUR DISPOSITION GESTELLT!

DAS IST DOCH KEINE ARCHITEKTUR DER ERINNERUNG SONDERN EINE DER AMNESIE!

DIESER ENTWURF BIETET UNS KEINE KONTEMPLATIVE, PASSIVE HALTUNG AN, SONDERN FÖRDERT UNSERE AUFGEKLÄRTE, KRITISCHE ABNEIGUNG!
ABER NEIN! WIR WOLLEN NICHTS HARTES, KANTIGES! WIR WOLLEN ... ÄH... LEICHTES UND ORGANISCHES!

WE ALL NEED LIGHT, AIR AND ESPACE!

MEINE DAMEN UND HERREN, SIE HABEN NATÜRLICH RECHT, AUCH DIES IST NOCH NICHT, WONACH WIR EIGENTLICH SUCHTEN, EIN GEBÄUDE, DAS NICHT NUR SPRICHT, SONDERN SOGAR SINGT, DAS IN SEINER PROPORTION ERINNERN AN GEWESENES VERTIEFT UND DIE HOFFNUNG AUF EINE KONKRETISIERENDE LEBENSUTOPIE IM UMGANG MIT IHM! STADT UND RAUM WERDEN BEIM NUN FOLGENDEN ENTWURF DAS MEDIUM FÜR DIE IDEE UND EXISTIEREN GAR NICHT PER SE. INTERESSANT WAR NUR DIE MATERIALISIERUNG DES MOMENTES ...
BILDE, KÜNSTLER, REDE NICHT!
WIE? ÄH... JA! ICH ZEIGE IHNEN JETZT DEN AUCH VON UNS FAVORISIERTEN ENTWURF UNSERES WAHRHAFT BEGNADETEN CHEFENTWERFERS ICHIDA KRETINAWA!
OH!
AH!
DA BIN ICH ABER GESPANNT!

DETAIL
DER AUTOR DIESES
BUCHES IST ARCHITEKT
UND NIMMT AUCH
IHREN AUFTRAG GERNE
ENTGEGEN

WERFEN SIE BITTE EINEN BLICK AUF DAS INFOMATERIAL IN IHREN KOFFERN BEVOR SIE SICH ENTSCHEIDEN. SIE WERDEN DEN ENTWURF DANN SICHER BESSER VERSTEHEN!
URBS!
KLACK
KLACK
KLACK
KLACK
KLACK
KLACK
KLACK
KLACK
ALSO, ICH KANN NUR SAGEN ...
UND AUCH DAS KLEINE SCHLOSS OBENDRAUF ... HERZ-ALLERLIEBST
GEIL !
NA ALSO, UNTER DIESEN UMSTÄNDEN MUSS ICH ALS FRAU DIESEN ENTWURF ALS EINEN SIEG ÜBER DAS EWIGE PATRIACHAT BEZEICHNEN !!
DAS IST JA DOCH...
...EIN GEWINN FÜR UNS ...ERE STADT !
SEHR GROSSZÜ-...ÄH...-ARTIG !
NAJA, SO ALS SYMBOL FÜR BERLIN IST DAS SCHON OK!
UND HIER - FÜR SIE - MIT EINEM MODELL SEINES ENTWURFES AUS SCHWARZWÄLDER KIRSCHTORTE :
CHI DAA KREEETINAWAAA!
MDB DISPOSAL
BRAVO
TOLL
HURRA

ES WÄRE VERFEHLT, ANZUNEHMEN, KRETINAWA SEI MIT DER PRÄSENTATION UND ANNAHME DIESES ENTWURFES AM HÖHEPUNKT SEINER ENTWURFSKARRIERE ANGELANGT. FÜR IHN IST DAS ERST DER ANFANG!
ER WILL MEHR! DERZEIT LEITET ER FÜR TASHUMI EIN UMFANGREICHES TEAM, DAS MIT DER ENTWICKLUNG DER "HELIUM-TECHNOLOGIE" BESCHÄFTIGT IST.

DER KERN DES PHALLUS SOLL DABEI AUS GESCHOSSHOHEN SCHWELLKÖRPERZELLEN BESTEHEN, DIE MIT HELIUM BEFÜLLT WERDEN KÖNNEN. DAS GESAMTE GEBÄUDE BESTEHT AUS EINER ART HYPER-KAUTSCHUK UND DIE GESCHOSSDECKEN AUS EINER ALUMINIUM-PAPIERWABEN KONSTRUKTION.
TREPPENHÄUSER, AUFZÜGE UND SANITÄR-SCHÄCHTE AUS STAHL LASSEN SICH HYDRAULISCH IM BODEN VERSENKEN. SOLCH EIN GEBÄUDE KANN JE NACH VERMIETUNGSSTAND AUFGEPUMPT WERDEN UND SO DIE "POTENZ" DES EIGENTÜMERS WEITHIN DURCH DIE JEWEILIGE GRÖSSE SEINES... ÄH..."BÜROTURMES" SICHTBAR MACHEN !

DIE GANZE WELT WILL KRETINAWA MIT DIESEN SEINEN TÜRMEN ÜBERSÄEN. ER WILL NICHT NUR DEN GRÖSSTEN, ER WILL ALLE! NATÜRLICH, ER IST WAHNSINNIG, ABER WER KANN ES IHM VERDENKEN, NACHDEM ER DAMALS AUFSPRANG ALS DAS TELEFON KLINGELTE UND DIE PRAKTIKANTIN MIT DEM KOPF UNTER DIE TISCHPLATTE KNALLTE.

UND JEDES JAHR ZU SYLVESTER SOLLEN WELTWEIT ALLE TÜRME, ZU VOLLER GRÖS-

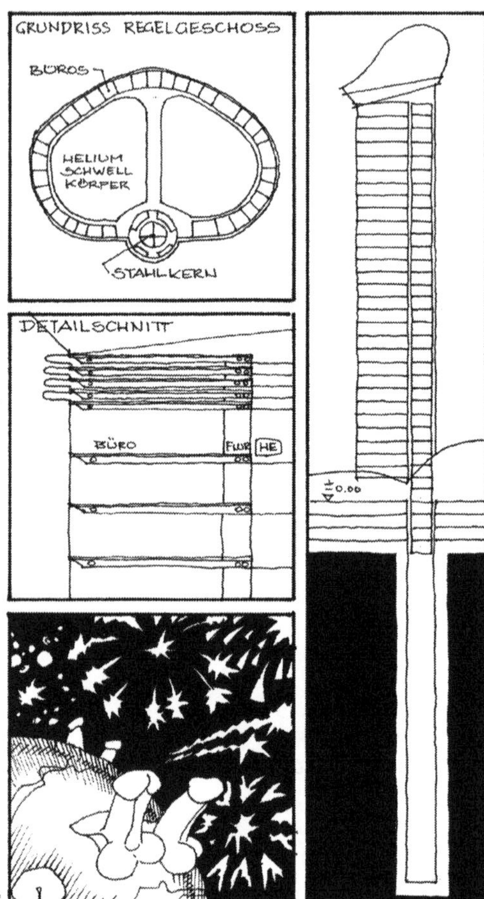

SE AUFGEPUMPT, BASIS FÜR EIN GIGANTISCHES FEUERWERK WERDEN, DAS KRETINAWA AUS EINER WELTRAUMFÄHRE ZU BETRACHTEN GEDENKT. GANZ SO WEIT IST ES ALLERDINGS NOCH NICHT. FÜR BERLIN MUSS ERST EINMAL EIN GEBÄUDE HERKÖMMLICHER TECHNOLOGIE AUSREICHEN: BETON, STAHL, GLAS. AUCH FÜR DIE FINANZIERUNG SEINER PLÄNE GLAUBT KRETINAWA GE-SORGT ZU HABEN: BEREITS VOR EINIGER ZEIT SICHERTE ER SICH DIE RECHTE FÜR DAS "COCK-OF-BERLIN" - MERCHANDISING. DAMIT WIRD ER MILLIONEN MACHEN!

IM REICHSTAG WIRD DER BESCHLUSS AUSGIEBIG GEFEIERT. PIET BEOBACHTET DAS TREIBEN AUS ABSEITIGER POSITION, ALS IKIHARA SICH IHM NÄHERT...
YOU DON'T WANT ANY "TORTE"?
I PREFER TO WAIT UNTIL THE UPPER 10'000 ARE DONE.

YOU ARE SMART! DO YOU ... LIKE BASEBALL?

WHY YES, IKIHARA SAN, I LOVE BASEBALL! THE CINCINNATI REDS ARE MY FAVORITE TEAM!

THERE IS A TOURNAMENT TO-NIGHT. THE THREE MAJOR FA-MILIES ... I MEAN FAMILY-OWNED JAPANESE COMPANIES COMPETE FOR THE "LITTLE-FINGER-BOWL". NOTHING PROFESSIONAL, BUT GOOD TO MEET PEOPLE. I EXPECT YOU TO COME AND JOIN OUR TEAM.
I'LL BE DELIGHTED, IKIHARA-SAN ?

AT 20'00 HOURS THE TEAM GETS TOGETHER

AH, NICKELMANN-SAN. GOOD TO SEE YOU!

YOU ARE 2ND TO HIT AFTER ITO-SAN IN THE FIRST INNING!

DAS SPIEL BEGINNT UND ITO...
1.
Z.!
PANG

...ERLEBT EINEN ...
2.
ZISCH

... STRIKE-OUT!
3.
WUSCH

NUNMEHR RUHT ALLER HOFFNUNG AUF IHM:
ZOCK
NICKELMANN

DOCH DEM WIDER-...

...FÄHRT...
WACK

... EIN KLASSI-SCHER ...

FLY-OUT!

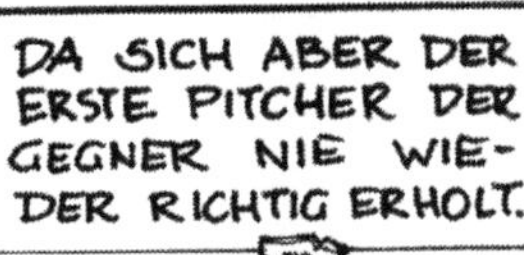

DA SICH ABER DER ERSTE PITCHER DER GEGNER NIE WIE-DER RICHTIG ERHOLT..

GEWINNT DAS TEAM VON TASHUMI DEUTLICH MIT 9:2. EIN SIEG, DER MIT SAKE GEFEIERT WIRD!
SAKE

HELLO! DON'T I KNOW YOU? YOU WORK AT SUSHI-TO, DON'T YOU?
DU KANNST AUCH DEUTSCH MIT MIR REDEN! JA, ICH ARBEITE DORT GE- LEGENTLICH ... ALS KELLNERIN
WIE HEISST DU?
DAS KLINGT SCHÖN. SAG, WILLST DU NACH DEM TURNIER MIT MIR... ESSEN GEHEN?
AOKI!
... VIELLEICHT...
AUCH DAS ZWEITE SPIEL, UND SOMIT DEN "LITTLE- FINGER - BOWL" GEWINNT DAS TEAM TASHUMI, WENN GLEICH KNAPP MIT 1:0 NACH EINEM GRANDIOSEN HOMERUN DES CHEF- ENTWERFERS KRETINAWA
PIET UND AOKI BESCHLIES- SEN, DIE SIEGESFEIER AUSZULASSEN ...
ZONK
... ESSEN ZUSAMMEN ...
... TANZEN ...

KRRRZZ ... ZZ...SIE HÖRTEN DIE "AL GOSSARAH BOYS" MIT IHREM HIT "AUF DU UND DU MIT DEM DÖNER IN DIR" ES FOLGEN DIE...
MMMH
AOKI?
RAUE REITER CONDOME FÜR SENSITIVE SENSATIONEN
09.00
Sayonara Piek!
GUCK OMI, DAS ARBEITSAMT. DA WAR ICH SCHON!
modulor material total GNEISENAU STR. 43- 45
NU GEH MA BEI DIE SARAH HIN!
AUF DER BAU- STELLE WARTET BEREITS DIE 2. ÜBERRASCHUNG DES TAGES!
WÄHHH WILL AUCH HÄNI HABEN!
...WAS?... NEIN, ICH KANN JETZT NICHT DARÜBER... ...ICH BIN GRAD IM... ...ICH... JA ICH MACH ES WEG!
MORGEN, HERR BÖLZ ... WAS IST DENN HIER PASSIERT?
DIE SPUNDWAND IST GEBROCHEN HEUT' NACHT. DAS WIRFT UNS UM WOCHEN ZURÜCK!
HETTONÄÄR!
SOOO GUT HÄT' ICH DAS NICHT GEKONNT!

ICH MUSS JETZT ERST MAL MIT ITO-SAN UND IKIHARA INS BÜRO! IM CONTAINER IST EINE LISTE DER DINGE, DIE WIR JETZT AM DRINGLICHSTEN BENÖTIGEN. BEEILEN SIE SICH!

EINE SPUNDWAND-RAMME ... WIE WOLLEN SIE DENN DAS DING DA SONST REINKRIEGEN? ... DAS DAUERT JA EWIG! ... NEIN! SOFORT

ICH BRAUCHE IHR ANGEBOT BIS 13ᴴ UND UM 18ᴴ MUSS DAS TEIL HIER SEIN

ÜDELÜT

NEIN. SIE MICH NICHT FALSCH VERSTANDEN HABEN! ICH SAGEN 100 m³ IN DER MINUTE ... ES IST MIR SCHNUPPE, OB DANN IM RATHAUS DIE LICHTER AUSGEHEN!

WENN DAS BILLIGER IST UND SCHNELLER GEHT, DANN FLIEGEN SIE EBEN PERLEN-TAUCHER AUS DEN PHILIPPINEN EIN!

MICHI, GESTERN HABEN SIE DEM REGIERUNGSAUSSCHUSS EINEN ENTWURF FÜR DIE GEBÄUDE-GESTALTUNG VORGESTELLT. DAS MUSS UNBEDINGT AN DIE ÖFFENTLICHKEIT. EINE KATASTROPHE. UND DAS SCHLIMMSTE: DER AUS-SCHUSS WAR B·E·G· E·I·S·T·E·R·T! ... NEIN, HEUTE ABEND KANN ICH NICHT, ICH MUSS DIE NACHT DURCH-ARBEITEN ... JA MORGEN UM NEUN IM ARCHIMEDES.

POST-ART
GESCHENKE
KARTEN
ERSTAUNLICHES
ORANIENBURGER STR. 51
10117 BERLIN
030 · 28096230
WWW.POST-ART.DE

SCHON AM NÄCHSTEN MORGEN:

I KANNOTT SAY IKIHARA-SAN!

WHO TOLD THE NEWSPAPER?

SE AUSSCHUSS SAY SE ZEITUNG WUSSTE SCHON, WENN IT RIEF AN.

SO WE MUST PUT PRESSURE AGAINST THE "SEHER"! GET ME SOME JOURNALISTS WHO WILL SUPPORT OUR DESIGN!

YESSIR!

NOW!

SEHER
DIE ZEITUNG BERLINS

DER

SCHLAPPSCHWANZ AM SCHLOSSPLATZ

BERLIN ERREGT MITLEID DER WELT

Berlin. Gestern erhielten wir aus zuverlässiger Quelle die Planungsunterlagen für das Schlossplatz-Projekt. Schon vor Wochen hatte die Tashumi Building Corp. mit den Bauarbeiten begonnen (der Seher berichtete), doch erst jetzt wurde die Planung inoffiziell enthüllt: Ein Phallus von gigantischem Ausmaßen, mit 100 Stockwerken und 400m Höhe überragt er sogar den nahe gelegenen Fernsehturm. Wir fragen uns: ist das die letzte Erektion einer Stadt im Todeskampf? Der Versuch die wirtschaftliche Impotenz zu vertuschen? Oder einfach nur Schulhofprahlerei: "Ich habe den Längsten"? Wie auch immer, noch nie wurde Berlin solch ein Bärendienst erwiesen. Die Welt wird lachen, Hohn und Schadenfreude über unser aller Haupt.
Der Planungsausschuss des Bundestages hat diesen Entwurf gestern sogar einstimmig beschlossen und damit die Stadt vor vollendete Tatsachen gestellt. Jeder Widerstand kann schon jetzt als hoffnungslos bezeichnet werden.
Wie bittere Ironie klingt in unseren Ohren die Aufschrift des Tashumi-Bauschildes vor Ort: "Dieses Haus wird groß und schön."
weiter S. 2

FOTO: H. NEWTON

ANZEIGE!

SIE WOLLEN EINE FETTE KAMPFMASCHINE ABER NICHT STÄNDIG IHR ERSPARTES AN HIRNLOSE MASSE VERFÜTTERN? KAUFEN SIE

HUNDEPUMPE
NEXT GENERATION

UND SIE ERHALTEN FIFFI GRATIS DAZU. DER FRISST KAUM UND WIRD AUF KNOPFDRUCK RIESIG UND GEMEIN, GENAU DANN, WENN SIE ES BRAUCHEN

HOW CAN THIS HAPPEN?

UND SCHON WIEDER HABEN WIR DIE EHRE DIESE JAPANISCHE KONVERSATION - FÜR SIE - INS DEUTSCHE ZU ÜBERSETZEN!

SO DES!

ITO-SAN. WIR HABEN EINEN, WENN NICHT ZWEI VERRÄTER IN UNSEREN REIHEN. ERST DACHTE ICH, NICKELMANN-SAN HABE UNS DAS WASSER EINGEGOSSEN, ABER AOKI WAR DIE GANZE NACHT BEI IHM. JEDOCH, DER SEHER WURDE MIT SICHERHEIT VON IHM INFORMIERT. WIR MÜSSEN VORSICHTIG SEIN!

ICH WERDE JETZT NACH TOKIO FLIEGEN UND DIE FAMILIE INFORMIEREN.

ALSO, WANN IMMER ER EIN FAX AUS TOKIO BEKOMMT WIRD ER EINE WEILE DRAUFSTARREN. DANN WILL ER 3 KOPIEN UND DASS DU'S ZURÜCK NACH TOKIO FAXT. DAS MACHST DU NATÜRLICH NICHT.

GELD-PFENNIG-SAN!

NATÜRLICH!

WOMENPOWER
ZEITARBEIT
FRAUEN

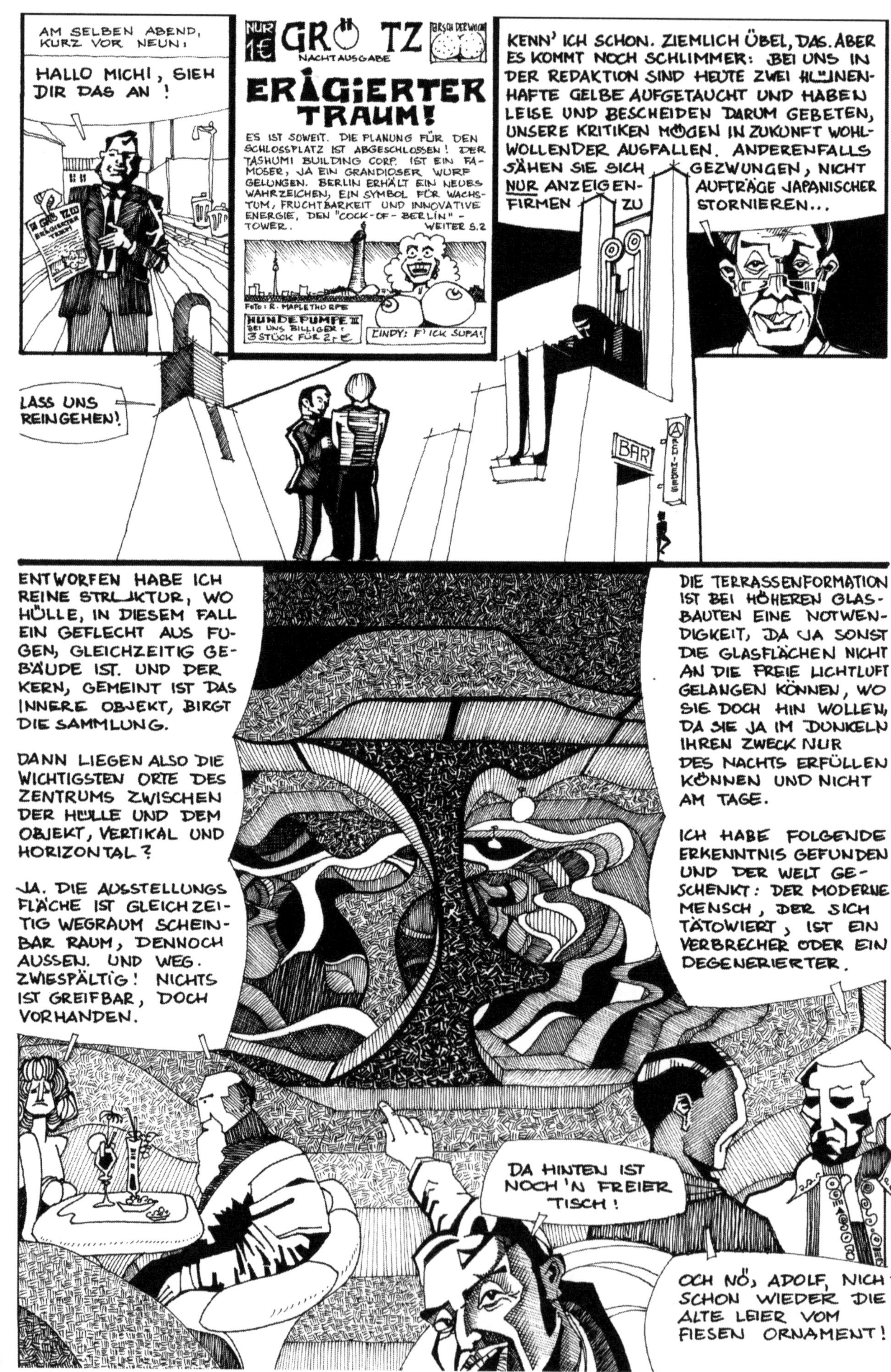

AM SELBEN ABEND, KURZ VOR NEUN:
HALLO MICHI, SIEH DIR DAS AN!
NUR 1€
GRÖTZ
NACHTAUSGABE
ARSCH DER WOCHE
ERIGIERTER TRAUM!
ES IST SOWEIT. DIE PLANUNG FÜR DEN SCHLOSSPLATZ IST ABGESCHLOSSEN! DER TASHUMI BUILDING CORP. IST EIN FAMOSER, JA EIN GRANDIOSER WURF GELUNGEN. BERLIN ERHÄLT EIN NEUES WAHRZEICHEN, EIN SYMBOL FÜR WACHSTUM, FRUCHTBARKEIT UND INNOVATIVE ENERGIE, DEN "COCK-OF-BERLIN"-TOWER.   WEITER S.2
FOTO: R. MAPLETHORPE
HUNDEPUMPE III BEI UNS BILLIGER! 3 STÜCK FÜR 2€
CINDY: F' ICK SUPA!
KENN' ICH SCHON. ZIEMLICH ÜBEL, DAS. ABER ES KOMMT NOCH SCHLIMMER: BEI UNS IN DER REDAKTION SIND HEUTE ZWEI HÜNENHAFTE GELBE AUFGETAUCHT UND HABEN LEISE UND BESCHEIDEN DARUM GEBETEN, UNSERE KRITIKEN MÖGEN IN ZUKUNFT WOHLWOLLENDER AUSFALLEN. ANDERENFALLS SÄHEN SIE SICH NUR ANZEIGENFIRMEN ZU GEZWUNGEN, NICHT AUFTRÄGE JAPANISCHER STORNIEREN...
LASS UNS REINGEHEN!
BAR
ENTWORFEN HABE ICH REINE STRUKTUR, WO HÜLLE, IN DIESEM FALL EIN GEFLECHT AUS FUGEN, GLEICHZEITIG GEBÄUDE IST. UND DER KERN, GEMEINT IST DAS INNERE OBJEKT, BIRGT DIE SAMMLUNG.
DANN LIEGEN ALSO DIE WICHTIGSTEN ORTE DES ZENTRUMS ZWISCHEN DER HÜLLE UND DEM OBJEKT, VERTIKAL UND HORIZONTAL?
JA. DIE AUSSTELLUNGSFLÄCHE IST GLEICHZEITIG WEGRAUM SCHEINBAR RAUM, DENNOCH AUSSEN. UND WEG. ZWIESPÄLTIG! NICHTS IST GREIFBAR, DOCH VORHANDEN.
DIE TERRASSENFORMATION IST BEI HÖHEREN GLASBAUTEN EINE NOTWENDIGKEIT, DA JA SONST DIE GLASFLÄCHEN NICHT AN DIE FREIE LICHTLUFT GELANGEN KÖNNEN, WO SIE DOCH HIN WOLLEN, DA SIE JA IM DUNKELN IHREN ZWECK NUR DES NACHTS ERFÜLLEN KÖNNEN UND NICHT AM TAGE.
ICH HABE FOLGENDE ERKENNTNIS GEFUNDEN UND DER WELT GESCHENKT: DER MODERNE MENSCH, DER SICH TÄTOWIERT, IST EIN VERBRECHER ODER EIN DEGENERIERTER.
DA HINTEN IST NOCH 'N FREIER TISCH!
OCH NÖ, ADOLF, NICH' SCHON WIEDER DIE ALTE LEIER VOM FIESEN ORNAMENT!

JA UND DER DEKONSTRUKTIVISMUS, EISENMAN, HADID, GEHRY, DAS IST DOCH TOLLE ARCHITEKTUR ALS RESULTAT PHILOSOPHISCHER BETRACHTUNGEN !

MAN KANN PHILOSOPHIE NICHT IN ARCHITEKTUR "ÜBERSETZEN". MAN KANN SICH NUR VON IHR INSPIRIEREN LASSEN. MAG SEIN, DASS EISENMAN EINE ENTWURFSIDEE HATTE, ALS ER VERLOREN IN DEN ZEILEN DERRIDAS IRRTE. ABER LETZTENDLICH IST DEKONSTRUKTIVISMUS IN DER ARCHITEKTUR NICHTS ANDERES ALS EINE SAMMLUNG SIMPLER REGELN, DIE MAN AUCH EINEM ERSTSEMESTER BEIBRINGEN KANN: MAN ZEICHNE EIN QUADRAT. MAN SUCHE SICH EINEN PUNKT, DEN MAN FÜR BESONDERS WICHTIG ERACHTET, ZUM BEISPIEL, WEIL DER GROSSVATER EINES VETTERS DORT EIN SCHAF SCHWÄNGERTE UND DREHE UM DIESEN PUNKT DAS QUADRAT MIT ETWA 5 BELIEBIGEN WINKELN. DAS RESULTAT IST EIN LINIENWIRRWAR, IN DEM MAN BEQUEM JEDEN BENÖTIGTEN ENTWURF UNTERBRINGEN KANN.

UND JENE THEORETISCHEN AUSFÜHRUNGEN, IN DENEN EISENMAN BEGRÜNDET, WAS ER TUT ?

HAST DU DAS MAL GELESEN ? EINEM NORMALSTERBLICHEN VERBIRGT SICH JEDER INHALT IN DIESEN WIRREN ERGÜSSEN. ICH BIN ÜBERZEUGT DAVON, DASS SELBST EISENMAN NICHT DEN BLASSESTEN SCHIMMER HAT, WAS ER DA SAGT, NOCH DENKE ICH, DASS ES IHN WIRKLICH INTERESSIERT. NICHTS ALS EITLES IMPONIERGEHABE DAS ALLES: SIEH HER, ICH BIN SCHLAUER ALS DU, WEIL ICH SACHEN SAGEN KANN, DIE DU NICHT VERSTEHST. UND DESWEGEN HABE ICH AUCH RECHT.

ABER ES GIBT DOCH AUCH WIRKLICH SCHLAUE LEUTE, DIE SICH DAMIT AUSEINANDER SETZEN. DIE NEHMEN DOCH AUCH ERNST, WAS EISENMAN SAGT !

DAS IST NOCH NICHT ERWIESEN. ICH KÖNNTE MIR VORSTELLEN, DASS DIESE LEUTE SICH EINEN SPASS DARAUS MACHEN, SO ZU TUN, ALS NÄHMEN SIE ES ERNST. IMMERHIN KÖNNTE ES JA SEIN, DASS DOCH IRGENDEIN - WENNGLEICH UNGEWOLLTER - SINN IN EISENMANS AUSFÜHRUNGEN VERBORGEN IST. UND DIESEN ZU FINDEN UND DARÜBER ZU DISKUTIEREN IST DURCHAUS AUCH EINE ERNSTZUNEHMENDE INTELLEKTUELLE HERAUSFORDERUNG.

DAS ÜBERZEUGT MICH NICHT. IRGENDWANN KÄME DANN DOCH MAL EINER VON ALL DIESEN LEUTEN MIT DIESER "WAHRHEIT" HERAUS, WENN ES SO WÄRE.

DEN DANN ABER KEINER ERNST NEHMEN WÜRDE, WEIL ER DAMIT VIELEN MENSCHEN, ARCHITEKTURKRITIKERN UND -THEORETIKERN ZUMEIST, DIE EXISTENZ-BEGRÜNDUNG UNTER DEN FÜSSEN WEGZÖGE. NEIN, NEIN! DER ARCHITEKTO-NISCHE ENTWURF IST EINE ZIEMLICH WILLKÜRLICHE ANGELEGENHEIT, DIE LETZTLICH NUR DER INNEREN ÄSTHETIK DES ENTWERFERS FOLGT. DER AR-CHITEKT IST DANN ERFOLGREICH, WENN VIELE ANDERE MENSCHEN MIT ÄHNLICHER INNERER ÄSTHETIK HERUM LAUFEN.

UND WO KOMMT DIE HER, DEINE "INNERE ÄSTHETIK"?

WAS WEISS ICH?

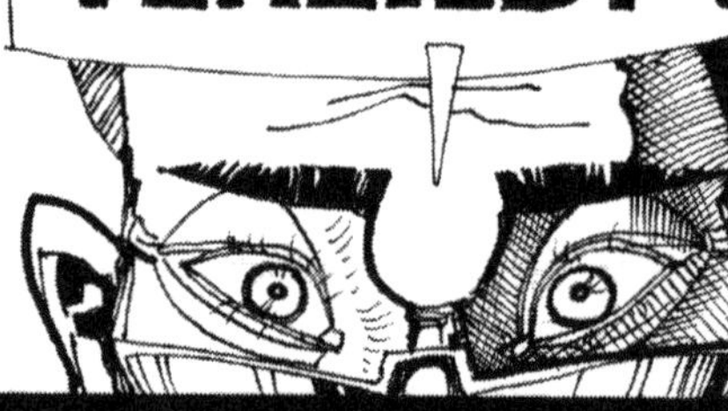

SUSHI-TO
F
Steigleitung
halbtrocken
?
WAKARIMASEN!
DU VERSTEHST MICH AUSGEZEICH-NET, ALTER MANN! ALSO SAG' SCHON, WO...
NEIN NEIN! ICH SUCHE AOKI! SIE ARBEITET HIER!
EINEN TISCH FÜR EINE PERSON?
WAKARIMASEN!
KEINE URSACHE! ICH WOLLTE SOWIESO GERADE...
WOK

SIEHST DU.
SIE LASSEN KEINEN
MEHR REIN!

WAS WOLLTE
ICH EIGENTLICH
IN DIESEM
SUPER TEUREN
JAPANO-
SCHUPPEN
?

AM NÄCHSTEN MORGEN
IST PIET ABER SCHON
WIEDER TOP FIT!
GOOD MORNING,
ITO-SAN!
HA HA HA HA
NICKELMANN-SAN
HA HA HA

OK! LET'S
GET DOWN
TO WORK.
I'LL GIVE
THE NEW
PLANS TO
THE
ROHBAU-
UNTER-
NEHMER!
HA
HA

HA HA
HA HA HA
HA HA HA
HA HA
HA HA HA
NO
!

NO ?

NO! YOU
GO OUT
AND MAKE
SURE ALL
WORKERS
DO GOOD
WORK!
NE!

SO EIN MIST!
DIE VERDÄCH-
TIGEN MICH.
SO SCHAFF'
ICH DAS NIE,
DEN BAU ZU
VERZÖGERN.
KLAUAM
BAU
AG

YES
SIR
ITO
SAN
SIR

NA, HABT IHR'S
BALD?
TA ZOCK
ÖRK
TÖT TÖT
TÖT
TÖT
TÖT
TÖT
WUPP
SCHEPPER
ZIRP
ZONG
EL RÖDEL RÖDEL TRÖD
RÖDELTRÖD
RACH
DONG
RUTSCH PLATSCH
HUP HUP
KIPP AB
TRÖÖÖÖT
BOHR
YES YES, LOTS OF
GOOD PEARLS

WÄHREND DER BAUFORTSCHRITT UNTER DEN WACHSAMEN AUGEN IKIHARAS IMMENS FORTSCHREITET, KANN PIET NUR GELEGENTLICH DIE MONOTONIE DES HOCH BEZAHLTEN HILFSBAULEITERPOSTENS UNTERBRECHEN, UM SICH MIT MICHI ÜBER DEN JEWEILIGEN SACHSTAND AUSZUTAUSCHEN.
DIE "GRÖTZ" HAT ES GESCHAFFT! DIE ÖFFENTLICHE MEINUNG STEHT VOLL HINTER DEM 'COCK'! UND WIR SIND PRAKTISCH MUNDTOT. WIR HABEN VERSUCHT, DIE EINZELNEN AUSSCHUSSMITGLIEDER ZU KIPPEN. NICHTS! SELBST DIESER ARCHITEKT, DEN SIE HINZUGEZOGEN HATTEN, BLEIFUSS, MEINT, ES SEI ALLES OK, SOLANGE DIE QUASI SCHIFFSFORM DER MUSEUMSINSEL NICHT VERÄNDERT WIRD. UND DIE VON DER WIRTSCHAFT MEINEN, MIT TERRAKOTTA WIRD'S SCHON WERDEN. AM POTSDAMER PLATZ WAR'S JA AUCH EIN ERFOLG. LAUTER IRRE! UND BEI DIR?
NICHTS. ICH HATTE NICHT DEN HAUCH EINER CHANCE. DIE HABEN MICH VOLL IM VISIER. UND VERANTWORTUNG HABE ICH AUCH KEINE MEHR. WENN WIR NICHT EINE MISSION ZU ERFÜLLEN HÄTTEN, WÄRE ICH SCHON LÄNGST WEG! AB IN DEN LIBANON.
*www.edga
DU, IM KELLER BAUEN DIE VIELLEICHT EINE ANLAGETECHNIK. DAS HAUT EINEN UM. AUCH SICHERHEITSTECHNISCH HABEN DIE EINIGES ZU BIETEN. ALS WOLLTEN SIE FORT KNOX AUSRÄUMEN UND DIE BEUTE HIER LAGERN!
"WOHN- UND GESCHÄFTSHAUS", EH?
GESCHÄFTE SCHON. NUR: WELCHER ART? NEULICH HÄTTEN SIE EIN PRIMA GESCHÄFT MACHEN KÖNNEN. IN DER GRUBE WAR EIN ALTES RÖMERLAGER, EIGENTLICH EINE SENSATION. ABER DIE HABEN EINFACH ALLES IN DIE TONNE GETRETEN. EIN VERMÖGEN HÄTTEN DIE ...
PIET!
OH!... ÄH!... NATÜRLICH. DA, DA HABE ICH... GAR NICHT DRAN GEDACHT...
IST NOCH WAS ÜBRIG?
NEE, ALLES WEG!
EIGENTLICH AUCH EGAL. VIELLEICHT REICHT ES JA, DEN VERDACHT ZU STREUEN. EIN PAAR ANONYME HINWEISE BEI DER DENKMALPFLEGE ODER AUCH ANDEREN BEHÖRDEN UND MIT ETWAS GLÜCK BEKOMMEN WIR EINEN BAUSTOPP HIN.
OH, MANN. WAS BIN ICH FÜR EIN RINDVIEH!

"NICHT DEN HAUCH EINER CHANCE", WIE? ICH MACHE MICH GLEICH MORGEN AN DIE ARBEIT. NOCH 'N BLOODY CORBU?
OH JA. DEN BRAUCH' ICH JETZT!
TATSÄCHLICH HAT MICHI SCHNELL ERFOLG:
MORGEN! ZINNENBLECH, DENKMALPFLEGE. ICH HABE HIER EINEN BEFEHL, DIE BAUSTELLE ZU STOPPEN. ES STEHT ZU BEFÜRCHTEN, DASS HIER KULTURGUT VERNICHTET WIRD!
ICH BIN HIER NUR DER DEPUTY. ABER IMMER REIN DA, ZU DEN JAPANERN!
PRIMA!
DOCH WENIG SPÄTER
Z!
NICKEL MANN SAN!
DO NOT STOP CONSTRUCTION AGAIN WITHOUT OUR ORDER! YOU UNDERSTAND?
ALLE AUFHÖREN BAUSTOP!
ALSO: YOU ARE NO LONGER DEPUTY! YOU ARE NOW PAUSENCLOWN!!!
YES SIR ITO SAN SIR!
GUTEN MORGEN. ICH...
UND SO, IM LAUFE DER TAGE, GEBEN SICH BEHÖRDENVERTRETER UND -INNEN DIE KLINKE DES BAUBÜROS IN DIE HAND.
KLEINE GESCHENKE UND SCHÖNE MÄDCHEN GIBT ES BEI DEN JAPANERN IM CONTAINER!

BIS SCHLIESSLICH:
HALLO!

MACHEN SIE ES UNS LEICHT. WO SIND SIE ?

WER ?
DIE SCHWARZ ARBEI TER !

ACH, SIE MEINEN SICHER MEINE KLEINEN GELBEN FREUNDE...
DORT IM CONTAINER, SIE KÖNNEN'S NICHT VERFEHLEN !

MIRNA AAAAACH
VERHAFTET LOSLO
SCHNELLER MI'TKOMI
ACHTUNG AB
HETTONÄÄ
ELLUB
HÄ ?
POLIZEI
TASHUMI. BÖLZ.
RING RING
HERR BÖLZ! QUH HIER. ES GIBT SCHLECHTE NACH-RICHTEN: DER LEITER DES BAUAMTES WURDE AUSGETAUSCHT. DER NEUE MEINT, ES HABE UNREGELMÄSSIGKEITEN BEI UNSERER BAUGE-NEHMIGUNG GEGEBEN. SIE SEI DESWEGEN UNWIRKSAM ! SICHER SIND DIE BALD MIT EINER BAUSTOPPVER-FÜGUNG BEI IHNEN !
AUCH DAS NOCH !
HALLO ? HERR BÖLZ ? DRAUSSEN STEHT EIN MANN MIT ERNS-TEM BLICK, KNORRIGEM UNTERKIEFER UND EINER BAUSTOPPVERFÜGUNG ! WOLLEN WIR IHN REIN LASSEN ?
NICKELMANN

43

NICKELMANN! JETZT ZIEHEN SIE SICH DOCH ENDLICH DIE BESCHEUERTEN KLAMOTTEN AUS!

ZUM GLÜCK IST SOMMER.

DANN TUN SIE, WAS DIESER MANN VON UNS VERLANGT. ABER DIE LEUTE SOLLEN SICH BEREIT HALTEN...

WAS HABEN SIE VOR?
ZUERST HOLE ICH ITO UND IKIHARA AUS DER ABSCHIEBEHAFT. DANN... ...ZIEHEN WIR EINEN SCHLUSSSTRICH UNTER ALL DIESE BAUSTOPPVERSUCHE. SIE WARTEN HIER, BIS ICH MICH MELDE. ES WIRD SICHER NICHT LANGE DAUERN!

ACH, UND NICKELMANN: ZIEHEN SIE SICH WAS V-E-R-N-Ü-N-F-T-I-G-E-S AN!
UND RÄUMEN SIE HIER AUF!

CHRRR
RRING RING
RING

NICKELMANN

NA PRIMA.
HERR BÖLZ!
WIE SIE DAS
IMMER HIN-
KRIEGEN...
KLAR!
SOFORT!
VERSTANDEN!

DANN
FANGE
ICH MAL
MIT DEN
GERÜST-
BAUERN
AN!

FIRMA RUMDRUM?
TASHUMI, NICKEL-
MANN! ES GEHT
WIEDER LOS ...
SOFORT! ...
ALLES WAS SIE
HABEN...
NA, DANN BEZAH-
LEN SIE EBEN
DIE KAUTION!

WENIG SPÄTER!
AUF DEN SCHIEFEN
NASSEN PLANKEN
BRAUCHT MAN
MÄNNER
DIE SINGEN JA FÜRCH-
TERLICH. WO SIND DIE
DENN HER?

FRISCH
AUS
MOABIT
!

DIE NICHT WANKEN...
HEYAHO
13 MANN AUF DES
TOTEN MANNES KISTE
HEYAHO UND NE BUDDEL VOLL
RUM
RUM
RUM
RUM
GERÜSTBAU AG
WESWEGEN
WAREN DIE
DENN DRIN?
SEERÄUBEREI, ODER SO.

KANN ICH IHNEN ETWAS ANBIETEN?

DANKE. NEIN,

SIE WISSEN, WARUM ICH HIER BIN! DIE BAUSTELLE LÄUFT NICHT SO, WIE JAPAN ES SICH WÜNSCHT. VOR ALLEM FEHLT ES AN KOOPERATION MIT DEN BEHÖRDEN.

OH, MACHEN SIE SICH KEINE SORGEN! DIE HÄLFTE DER MASSGEBLICHEN PERSONEN IST GROSSZÜGIG ENTLOHNT WORDEN!
UND DIE ANDERE HÄLFTE?
DIE DIENT DEM FORTSCHRITT DIESER STADT BEREITS ALS SICHERES FUNDAMENT.

NUN GUT. ICH WERDE JETZT DIE BAUSTELLE INSPIZIEREN.
AUCH HIER SCHEINT MEHR DISZIPLIN UND EINSATZ GEFORDERT.

SCHON BALD HAT SICH DIE LAGE NORMALISIERT BIS EINES MORGENS BEDROHLICHES DRÖHNEN SICH NÄHERT
BRRRRRRRRRRRRRRRRRRRRRRRRRRRRRRRRRRRRRRRRR
OH, HELLO, YOU MUST BE MR. YOKI-SAN? WELCOME TO SE BAUSTELLE, SACH' ICH MAL
OH,... ÄH, ... NA, GUT ... WILLKOMMEN! IKIHARA-SAN UND ITO-SAN SIND GERADE AUF DER BAUSTELLE. WIR KÖNNEN IM BAUBÜRO AUF SIE WARTEN!
NUR KEINE UMSTÄNDE, HERR BÖLZ ICH SPRECHE HINREICHEND DEUTSCH, UM MIT IHNEN KOMMUNIZIEREN ZU KÖNNEN

SCHNELLER BESSER HÖHER MEHR LEUTE SOFORT !

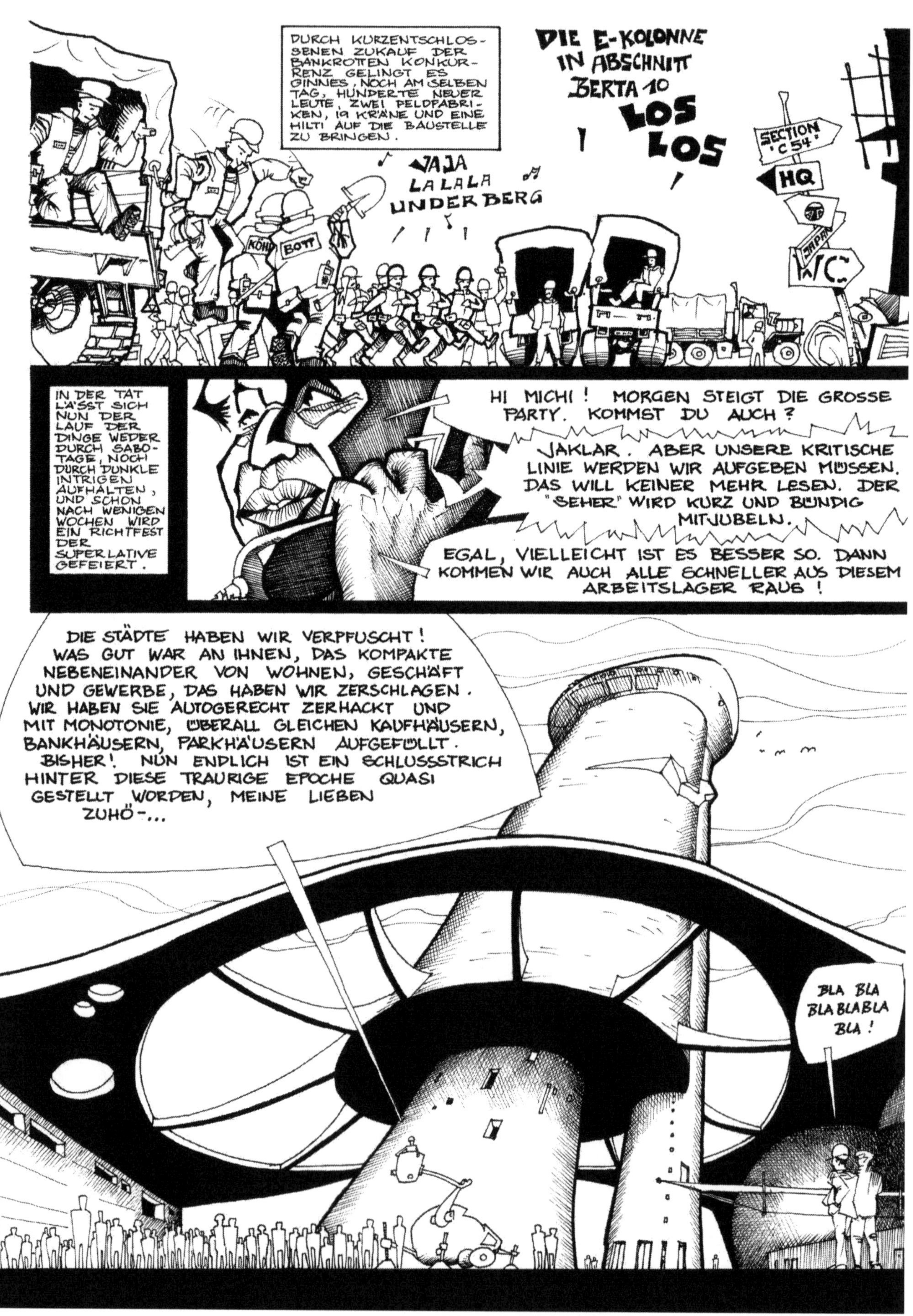

DURCH KURZENTSCHLOS-SENEN ZUKAUF DER BANKROTTEN KONKUR-RENZ GELINGT ES GINNES, NOCH AM SELBEN TAG, HUNDERTE NEUER LEUTE, ZWEI FELDFABRI-KEN, 19 KRÄNE UND EINE HILTI AUF DIE BAUSTELLE ZU BRINGEN.
DIE E-KOLONNE IN ABSCHNITT BERTA 10
LOS LOS !
JAJA LA LA LA UNDER BERG
SECTION C 54
HQ
JAPAN
WC
IN DER TAT LÄSST SICH NUN DER LAUF DER DINGE WEDER DURCH SABO-TAGE, NOCH DURCH DUNKLE INTRIGEN AUFHALTEN, UND SCHON NACH WENIGEN WOCHEN WIRD EIN RICHTFEST DER SUPERLATIVE GEFEIERT.
HI MICHI! MORGEN STEIGT DIE GROSSE PARTY. KOMMST DU AUCH?
JAKLAR. ABER UNSERE KRITISCHE LINIE WERDEN WIR AUFGEBEN MÜSSEN. DAS WILL KEINER MEHR LESEN. DER "SEHER" WIRD KURZ UND BÜNDIG MITJUBELN.
EGAL, VIELLEICHT IST ES BESSER SO. DANN KOMMEN WIR AUCH ALLE SCHNELLER AUS DIESEM ARBEITSLAGER RAUS!
DIE STÄDTE HABEN WIR VERPFUSCHT! WAS GUT WAR AN IHNEN, DAS KOMPAKTE NEBENEINANDER VON WOHNEN, GESCHÄFT UND GEWERBE, DAS HABEN WIR ZERSCHLAGEN. WIR HABEN SIE AUTOGERECHT ZERHACKT UND MIT MONOTONIE, ÜBERALL GLEICHEN KAUFHÄUSERN, BANKHÄUSERN, PARKHÄUSERN AUFGEFÜLLT. BISHER! NUN ENDLICH IST EIN SCHLUSSSTRICH HINTER DIESE TRAURIGE EPOCHE QUASI GESTELLT WORDEN, MEINE LIEBEN ZUHÖ-...
BLA BLA BLA BLA BLA BLA!

SO EIN UNSINN!
DEN GEMEINEN MEDIEN-HÖRIGEN GEFÄLLT'S!
ARROPOS, WIE GEFALLEN DIR DENN DIE PROJEKTE UNSERER JAPANISCHEN KONKURRENZ?
U.D.L. UND GENDARMENMARKT? NACHDEM IHR HIER SCHON EINEN SCHLUSS-STRICH HINTER JEDE FORM VON STADTPLANUNG "GESTELLT"HABT, SIND DIE BEIDEN EHER HARMLOS!
"HARMLOS"?! NA GUT. ICH MUSS MAL WIEDER ZU DEN MEINEN, SONST DENKEN DIE, ICH VERRATE WIEDER GEHEIMNISSE AN DIE PRESSE.
ES GIBT EISBEIN, BIER UND KORN. MAN AMÜSIERT SICH
BIS ENDLICH:
ZWEI BIER FÜR MICH UND MEINEN FREUND ITO!
ZWEI BIER FÜR MICH UND MEINEN FREUND ITO
HAI! TWO, NE.
NICKELMANN, SIE BRINGEN ITO-SAN JETZT HEIM!
HETTO
HUPS
NÄÄ
HI HI HI
SIS IS A VERY GELUNGENES FEST, I SAY, NE IKIHARA-SAN!
SOSOSOSOSO!
JAWOLL, HERR YOKI!
ZWEI HA HA BIER
HI HI
FLUP
ITO-SAN?
LOCH HA HA HA HA
!

SCHON AM NÄCHSTEN MORGEN SIND ALLE WIEDER TOPFIT!

HEUTE WERDE ICH MIR DIE "SECRET ROOMS" ANSEHEN! WO FINDE ICH DIE?
IM 14. STOCK
NICKELMANN BRINGT SIE HIN!
F

ABER DA WAR ICH DOCH NOCH N...
DAS WERDEN SIE SCHON FINDEN!

DOCH:
RING RING

JA!
ICH GLAUBE, ICH MUSS SIE ENTTÄUSCHEN! HIER IST KEIN 14-TES STOCKWERK

WAAS?
SIND SIE SELBST DAZU ZU BLÖDE? MUSS ICH IHNEN ALLES ZEIGEN? SIE IDIOT!
KA Z

NICKELMANN-SAN, HE IS AN IDIOT! CAN SE 14-TE STOCKWERK NICH FINDEN! I GO AND SHOW SEM!
AH! SO DES KA!

HIER IST DER 13-TE!
13
OK FFB + 58.27
OK ROH + 58.21

UND GLEICH DANACH KOMMT NATÜRLICH...
15
13

...DER...
15

...DAS KANN NICHT SEIN! ICH HABE DOCH SELBER DIE PLÄNE... DIE ZAHLEN!! DA HAT EINER DIE ZAHLEN VERTAUSCHT! KLAR, DAS IST ES! EINS WEITER OBEN STEHT 14 UND HIER STEHT 15 UND ES IST NUR VERTAUSCHT, ALLES KEIN...
NEIN, HERR BÖLZ! DAS HABEN WIR SELBSTVERSTÄNDLICH GEPRÜFT. DER 13. IST DER 13. UND DER 15. IST DER 15. UND DAZWISCHEN IST NICHT EIN ZENTIMETER PLATZ! DIE WICHTIGSTEN RÄUME FEHLEN. PUNKT. SIE SCHICKEN JETZT DIE ARBEITER VON DER BAUSTELLE WÄHREND ICH EINE LÖSUNG FINDE. WARTEN SIE DANN IN DER TURMSPITZE AUF MICH!

YOKIS LÖSUNG ERSCHEINT ALS-BALD AM HIMMEL
TORANA GARAA !
WAM
BLAM
BURST
DIE STAUBWOLKEN SIND NOCH NICHT VERZOGEN, ALS AUCH SCHON MIT DEM WIEDERAUFBAU BEGONNEN WIRD !
DURCH DIESEN ABRISS HABEN WIR VIEL ZEIT UND EINEN LANGJÄHRIGEN MIT-ARBEITER VERLOREN. UM SO SCHNELLER MÜSSEN WIR JETZT DEN RÜCKSTAND AUFHOLEN. VON NUN AN DARF ES KEINE FEHLER MEHR GEBEN. IST DAS KLAR ?
HAI YOKI-SAMA !
HE CHEF, SCHON WIEDER 'N BLINDGÄNGER !
ZU DEN ANDEREN AUF DEN STAPEL !

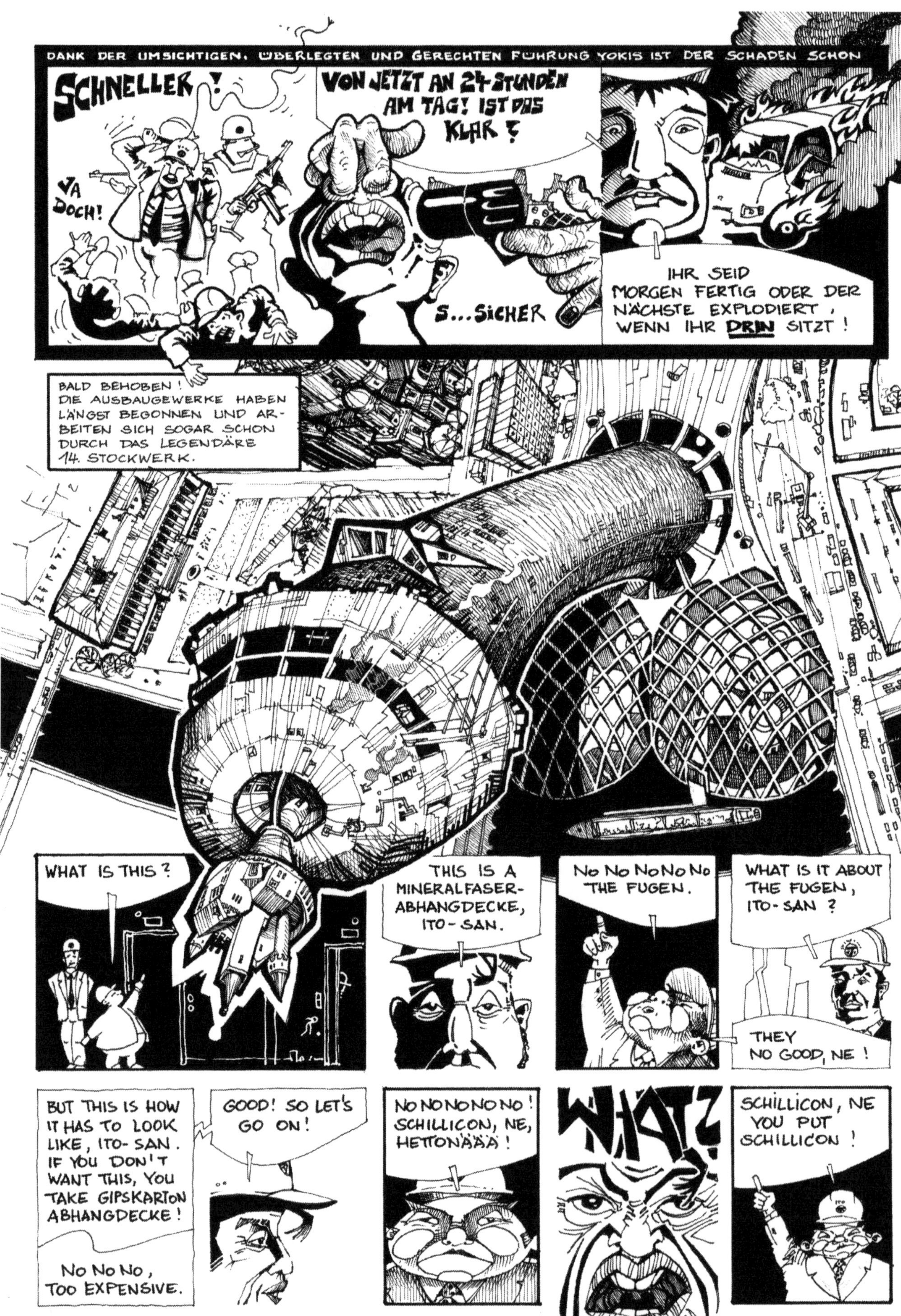

DANK DER UMSICHTIGEN, ÜBERLEGTEN UND GERECHTEN FÜHRUNG YOKIS IST DER SCHADEN SCHON
SCHNELLER!
JA DOCH!
VON JETZT AN 24 STUNDEN AM TAG! IST DAS KLAR?
S...SICHER
IHR SEID MORGEN FERTIG ODER DER NÄCHSTE EXPLODIERT, WENN IHR DRIN SITZT!
BALD BEHOBEN! DIE AUSBAUGEWERKE HABEN LÄNGST BEGONNEN UND ARBEITEN SICH SOGAR SCHON DURCH DAS LEGENDÄRE 14. STOCKWERK.
WHAT IS THIS?
THIS IS A MINERALFASER-ABHANGDECKE, ITO-SAN.
NO NO NONONO THE FUGEN.
WHAT IS IT ABOUT THE FUGEN, ITO-SAN?
THEY NO GOOD, NE!
BUT THIS IS HOW IT HAS TO LOOK LIKE, ITO-SAN. IF YOU DON'T WANT THIS, YOU TAKE GIPSKARTON ABHANGDECKE!
NO NO NO, TOO EXPENSIVE.
GOOD! SO LET'S GO ON!
NO NO NO NO NO! SCHILLICON, NE, HETTONÄÄÄ!
WHAT?
SCHILLICON, NE YOU PUT SCHILLICON!

OK, ITO-SAN, NOW I HAVE TO SHOW YOU ANOTHER PROBLEM!
KAZ
I THINK, SOME OF THE FASSADEN-ELEMENTE ARE MOUNTED TO THE WRONG PLACE!
WE HAVE TO GO UP AND LOOK FROM THE OUTSIDE. TAKE CARE THERE IS QUITE A STRONG GUST!
50m LIFT
MAX
HERE WE ARE!
NICKELMANN
MAX 2 PERS.
DO YOU SEE THE PROBLEM?
NICKELMANN
MAX 2 PERS.
RUNTERFAHREN!
DAS WAR, GERMANISTEN AUFGEPASST, DER "DESPERATIVE INFINITIV"
SURE, ITO-SAN, SILIKON! VHATEVER YOU SAY!
SPÄTER
SEIT BÖLZ BEI DEM ABRISS VERSCHWUNDEN IST UND ITO ENTSCHEI-DUNGEN SELBER TRIFFT, GIBT ES NUR NOCH CHAOS. YOKI SPRINGT SCHON IM DREIECK UND !KIHARA HAT WAS MIT DEN FINGERN, SIEHT SCHON GANZ HELLGELB AUS...
WIE LÄUFT'S BEI DIR, WAS NEUES VON KLAUS UND WOLLEN WIR WAS TRINKEN?
MUZWEME
MUSEUM FÜR ZEITGENÖSSISCHE WERBEMEDIEN
SONDER AUSSTELLUNG
DIE GRATIS KARTE
powered by
U
USA
HELP
US CITIZEN NEVER VOTED BUSH! PLEASE HELP ME!
V-6.H.F.G.W.BUSH
VHS
Vortragsreihe: Macho macher
KURS: Rhythmisches Prügeln mit Peter, Paul und Mary.
"Wenn ich einen Hammer hätte"
INFO: Tel. 030
GUTNÖKLAR!

GESTERN HAB' ICH MIR MAL DIE "HARMLOSEN" BAUSTELLEN U.D.L. UND GENDARMENMARKT NÄHER ANGESEHEN. UND WEISST DU WAS, DIE BEIDEN ANDEREN TEAMS VOM BASEBALL TURNIER HABE ICH WIEDERGESEHEN, JE EINES PRO BAUSTELLE!
DAS PASST INS BILD! WENN ICH RICHTIG LIEGE, WIRD BERLIN GERADE DREIGETEILT, WIE DAZUMAL POLEN. NUR DASS DIESMAL NICHT PREUSSEN, ÖSTERREICHER UND RUSSEN AUF BEUTE AUS SIND, SONDERN DIE DREI FAMILIEN DER JAKUZA. JEDE BAUSTELLE: EIN HAUPTQUARTIER! DU ARBEITEST HÖCHST WAHR-SCHEINLICH FÜR DIE JAPANISCHE MAFIA, MEIN FREUND!

ACH!
UND NUN?

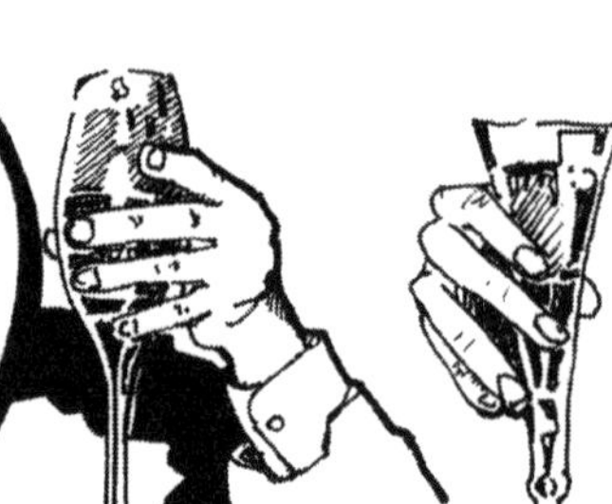

EIN HOCH AUF DIE STADTBILDSCHADENSBE-GRENZUNG!

DAS IST GAR NICHT SO EINFACH. ABER ICH DENKE MAL, DA IHR DEN MIT ABSTAND MIESESTEN ENTWURF HINGELEGT HABT, IST ES GANZ OK, WENN DU DICH BEIM GELINGEN DES PRO-JEKTES NICHT ALLZU ERNST EINBRINGST. DIE BEIDEN ANDEREN FAMILIEN SIND AUF DEINER SEITE! DAS IST SCHON ALLES, WAS DU TUN KANNST: STADTBILDSCHADENSBEGRENZUNG! DIE MAFIA ÜBERLASSEN WIR BESSER DEN KORRUPTEN POLITIKERN UND DER VÖLLIG UNTERBEZAHLTEN POLIZEI!

GOOD MORNING ITO-SAN! READY FOR A WALK ON THE WILD SIDE?
KA?

NEVER MIND! DID KRETINAWA-SAN COME TODAY?
SO SO SO SO, WE NEED TO MAKE DECISIONS!
SHALL I GET SOME SILIKON?

KA?
NEVER MIND!

HELLO KRETINAWA-SAN! SO DID YOU DECIDE ON THE MATERIAL FOR THE FLOOR OF THE BIG ENTRANCE-HALL?
?
?!?
!
HIWI 2000
20 km/h

NICKELMANN, STELLEN SIE NIE WIEDER EINE SO HIRNLOSE FRAGE!
IN IHRER UNÜBERLEGTEN ART HABEN SIE DIESES GENIE VERWIRRT. SO WERDEN WIR NIE ERFAHREN, WIE ER SICH DIE GESTALTUNG DER HALLE VORSTELLT.
ENTSCHULDIGUNG! ABER NUR DESWEGEN IST ER DOCH HIER, UND ALLE WARTEN AUF SEINE ENTSCHEIDUNG, UM WEITER ZU ARBEITEN.
OH! NATÜRLICH, SIR! DANN ZIEHE ICH MICH WOHL BESSER ZURÜCK, SIR!
TUN SIE DAS!
ACH, UND NICKELMANN..
JA?
SEHEN SIE SICH VOR!
ZU DUMM. ICH VERGESSE IMMER, DASS ZWISCHEN YOKI UND ITO DURCHAUS EINE INTELLIGENZLÜCKE KLAFFT.
NEE, HERR NICKELMANN, ITO WOLLTE PRÜFEN, OB DIE SILIKONFUGEN AM DECKEN-X-SEL ORDNUNGSGEMÄSS AUSGEFÜHRT WURDEN.
MENSCH, HERR GINNES, WAS ZUM JAPANER SOLL DAS DENN DA OBEN DARSTELLEN? KUNST AM BAU?
ABER DESWEGEN MUSS MAN DOCH NICHT SO EIN IDIOTISCHES LOCH IN DIE DECKE SÄGEN!
HERR NICKELMANN! SCHNELL, KOMMEN SIE!
DER MACHT MICH NOCH WAHNSINNIG, DER ITO!
NICHT UNBEDINGT! ABER ITO WAR DER AUFFASSUNG, ER SIEHT ES AM BESTEN VON INNEN. ALSO IST ER ZUR REVI-KLAPPE REIN UND VORGEROBBT, BIS ER AM UNTERZUG STECKEN GEBLIEBEN IST. ES BLIEB NICHTS ANDERES ÜBRIG, ALS IHN VON UNTEN RAUSZUSCHNEIDEN!
UNS ALLE, HERR NICKELMANN, UNS ALLE!
WIR BAUEN MIT!
FLOKE FIXO STOP
GENMANIPULIERTE BRANDSCHUTZBEPFLANZUNG IN F+10 QUALITÄT NACH DIN 18001

WAS GIBT ES DENN?
ITO WOLLTE UNBEDINGT, DASS WIR DEN PFLANZTROG IM LINKEN TESTIKEL MIT SCHWEREM GERÄT AUFFÜLLEN, DAMIT ES SCHNELLER GEHT.
OH!
ZU... RU...
BRUZZEL
SO WIE ER DA STEHT...60 t
OK! SCHULDZU-WEISUNGEN SPÄTER, SOFORT BAUSTROM FÜR SEKTION T1 AB-SCHALTEN UND DANN DEN WASSERHAHN ZU! IN SEKTION E17 SIND SCHALUNGSSTÜTZEN. DIE HOLT IHR EUCH UND SICHERT DAMIT GROSSZÜGIG DIE GEGEND AB. ICH HOLE DERWEIL DEN STATIKER HER. WAS WIEGT DER TRUCK DENN SO?
13 T
SPRUDEL RAUS
ABER DAFÜR SIND DIE DECKEN DOCH VIEL ZU SCHWA...
KRA-ACK
ACHTUNG
WAMM
ZU SPÄT
PRUST
RÖCHEL
NU' STEHT ER IM PARKDECK, WO DA DOCH NUR PKW REIN DÜRFEN.

ITO-SAN, QUICK, THERE WAS AN ACCIDENT IN SECTION T-1. IT MAY COLLAPSE!
COLLAPSE, COLLAPSE, HETTONÄÄÄ, THIS WALL COLLAPSES!
ITO-SAN! WE HAVE AN URGENT PROBLEM! WE CANNOT DISCUSS THIS WALL NOW!
NO NO NO NO NO !! WE MUST DISCUSS THE WALL. IT IS NO GOOD! I SHOW YOU!
HAIAAA

!
KRACK
?

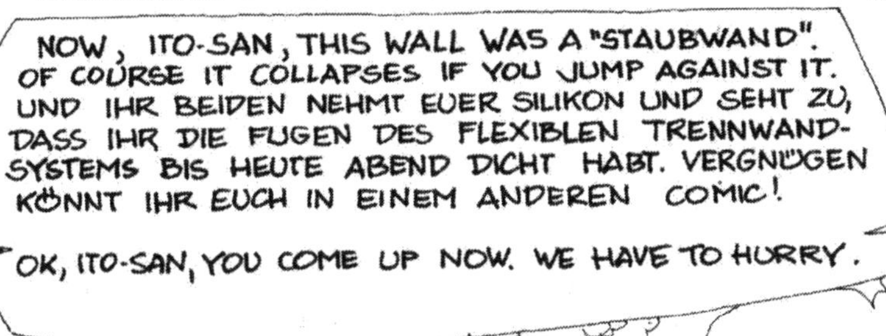

NOW, ITO-SAN, THIS WALL WAS A "STAUBWAND". OF COURSE IT COLLAPSES IF YOU JUMP AGAINST IT. UND IHR BEIDEN NEHMT EUER SILIKON UND SEHT ZU, DASS IHR DIE FUGEN DES FLEXIBLEN TRENNWAND-SYSTEMS BIS HEUTE ABEND DICHT HABT. VERGNÜGEN KÖNNT IHR EUCH IN EINEM ANDEREN COMIC!
OK, ITO-SAN, YOU COME UP NOW. WE HAVE TO HURRY.
!
?
SILIKO

Zum besseren Verständnis der nun folgenden Ereignisse hier ein Gebäude-
schnitt in Ost-West-Richtung durch den zentralen Bereich des Turmes

Legende
1. Hier befinden sich Ito-San, Nickelmann und die Staubwand
2. Büroriegel mit zentraler Erschließung
3. Shopping-Geschoß auf Straßenebene
4. Shopping im 1. und 2. Untergeschoß
5. Große Eingangshalle, bis auf weiteres ohne Bodenbelag
6. Technikgeschoß unter der Eingangshalle
7. Verschiedene Nutzungen in den gläsernen Testikelhallen, Kino, Hotel,
   Veranstaltungsräume, Museum etc.
**8. LKW, der sich widrigerweise im PKW Parkbereich befindet
   und droht, noch tiefer einzubrechen**
9. Kanalisierung des östlichen Spree-Armes
10. Büro- und Wohnnutzung in den Turmregelgeschossen
11. Arbeiter Fil, der gerade seinem Meister erklärt, er könne gerne auch eine
    8er Überbrückung legen, nützt aber nichts, da er eine 6er benötigt, hat er
    aber nicht.
12. Säulenhalle
13. Untere Untergeschosse mit Fabrikationsanlagen, Hochsicherheitstrakten,
    Lagerräumen, Haustechnikzentrale, Heizung, Lüftung, Energiegewinnung
    etc.
14. Bis hier her war das Gebäude abgerissen worden (14. Obergeschoß)
15. Zu den geheimen Untergeschossen
16. Aufzüge und Fluchttreppenhäuser
17. Kugeltresor, Refugium des Regenten Koio Tashumi
**18. Statue des Ahnen Ha Kiu Les Tashumi, eines berühmten Su-
    mo Ringers. Hier befinden sich Yoki und Kretinawa, deren
    synchronisierte Unterhaltung im Folgenden wiedergegeben
    wird.**

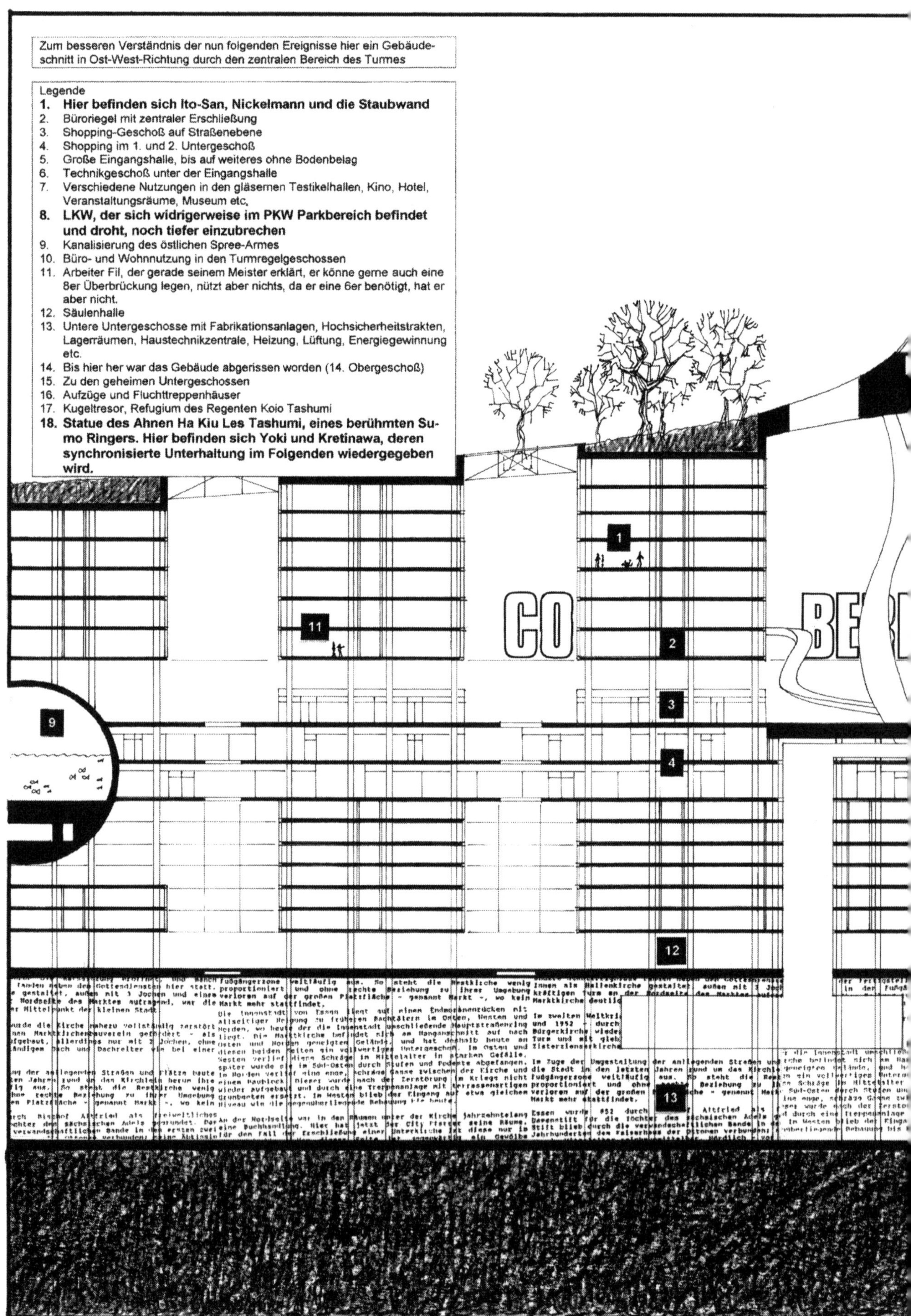

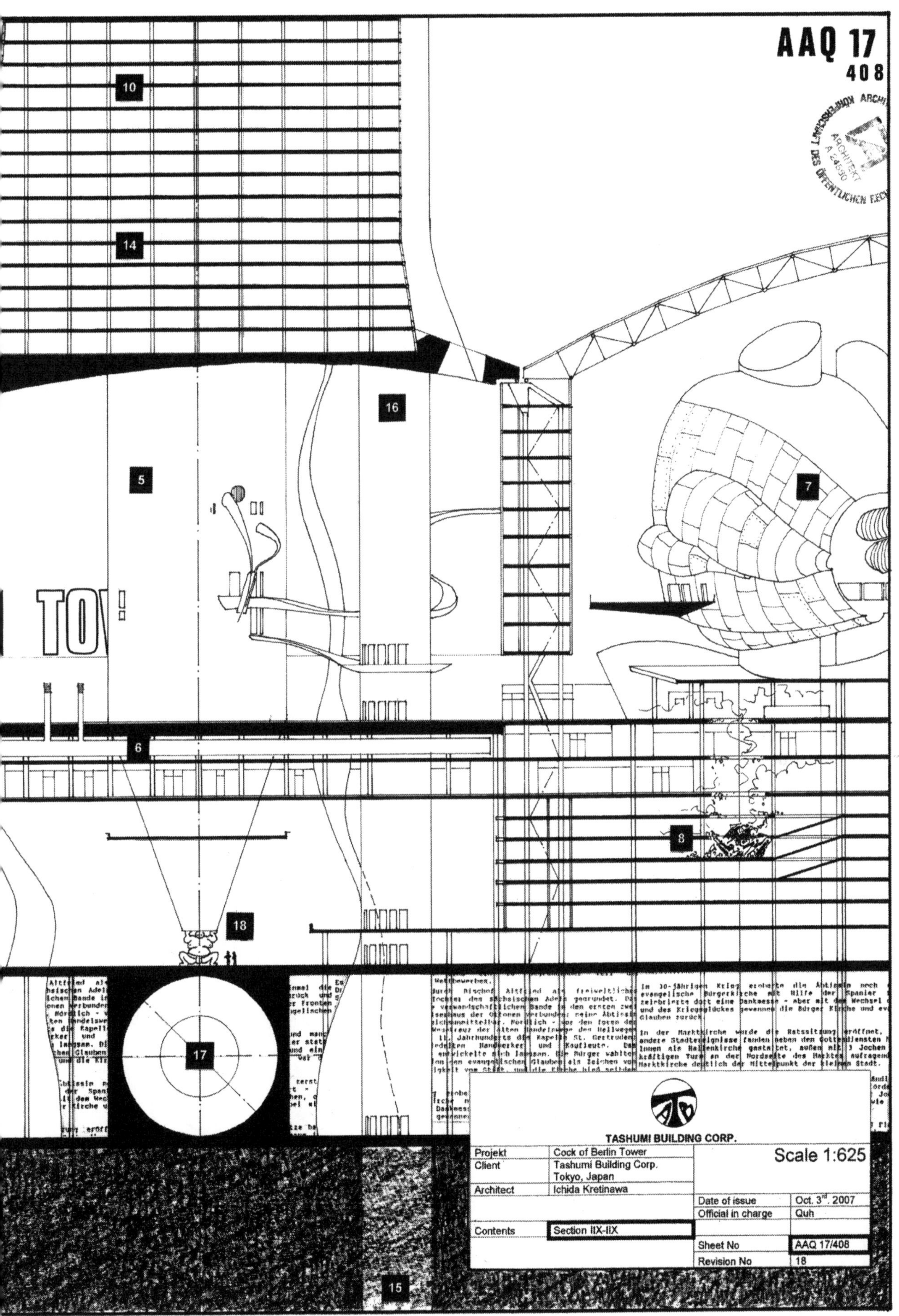

		Scale 1:625	
Projekt	Cock of Berlin Tower		
Client	Tashumi Building Corp. Tokyo, Japan		
Architect	Ichida Kretinawa		
		Date of issue	Oct. 3rd, 2007
		Official in charge	Quh
Contents	Section IIX-IIX		
		Sheet No	AAQ 17/408
		Revision No	18

NEIN NEIN NEIN NEIN!
SO HABE ICH DAS NICHT ENTWORFEN!
ABER KRETINAWA-SAN. WIR HABEN NACH IHREN PLÄNEN GEBAUT. NUR HIN UND WIEDER HABEN WIR AUS KOSTENGRÜNDEN...
NEEIIIIIIN
DER GANZE ENTWURF IST VERDORBEN!
NOCHMAL! ES MUSS ALLES NOCHMAL GEBAUT WERDEN!
DEM HAMSE WOHL DAS GEHIRN ENTGRÄTET.
DAS IST VÖLLIG UNMÖGLICH, ZEITLICH WIE FINANZIELL!
DOCH NEIN DOCH NEIN DOCH NEIN
DOCH NEIN NEIN DOCH
AAAAARHAHA
AP! REIS! SEN!
SO!
STOP! STOP!
STOP STOP!
WAS WILL DER MANN?
SCHON WIEDER?
WAS JETZE?
ER IST DER CHEF!
ALLES!
NA DANN BOHR' ICH HIER MAL SPRENG - LOCH!

WÄHREND NICKELMANN UND ITO-SAN ZUR UNFALLSTELLE EILEN,
BESCHLEUNIGT KRETINAWA...
ZOCK
KA?

HÄTTE DER MANN EINEN HELM GETRA...
SCHNAUZE! HELFEN SIE MIR LIEBER!
...DEN SPRENGVORGANG
ZOCK
WAMM
DAS WAR JETZT ABER NICHT DER LKW?!?
GRUMMEL ER ZITTER

BAULEITUNG! WAS IST HIER LOS?
KEINE AHNUNG! AM BESTEN ALLE AUF DEM SCHNELLS-TEN WEG RAUS HIER!
GRUMMEL
GRUMMELGRUMMELGRUMMELGRUMMEL ITOS

BRECH EIN

FALL OHNE GROSSE EILE
UM
MUSS DIT AUSJERECHNET JETZE SEIN WO ICK HIER RIN WILL !

EIN GLÜCK
-KEUCH-KEUCH-
DAS BAUBÜRO
-KEUCH-
STEHT NOCH
BAULEITUNG
GUTEN TAG. ICH BIN
DUMM-WIE-BROT!
JA UND ICH
ARBEITE AUCH
BEI DER POST!
DEUTSCHE POST AG
BEWIRB DICH DOCH
UND GANZ NEU FÜR
DEN FRUSTRIERTEN
KLEINWAGENBESITZER:
AUTOPUMPE
VOM REISKOCHER
ZUM DAIMLERTREIBER
FÜR NUR
SOFORT KAUF!
GRÖTZ
EIN SAMMLER
IST NICHT
AUTOMATISCH
AUCH EIN
PSYCHO
PATH!
UND JEDEN TAG
PLATZT EIN
HAMSTER
KOPP

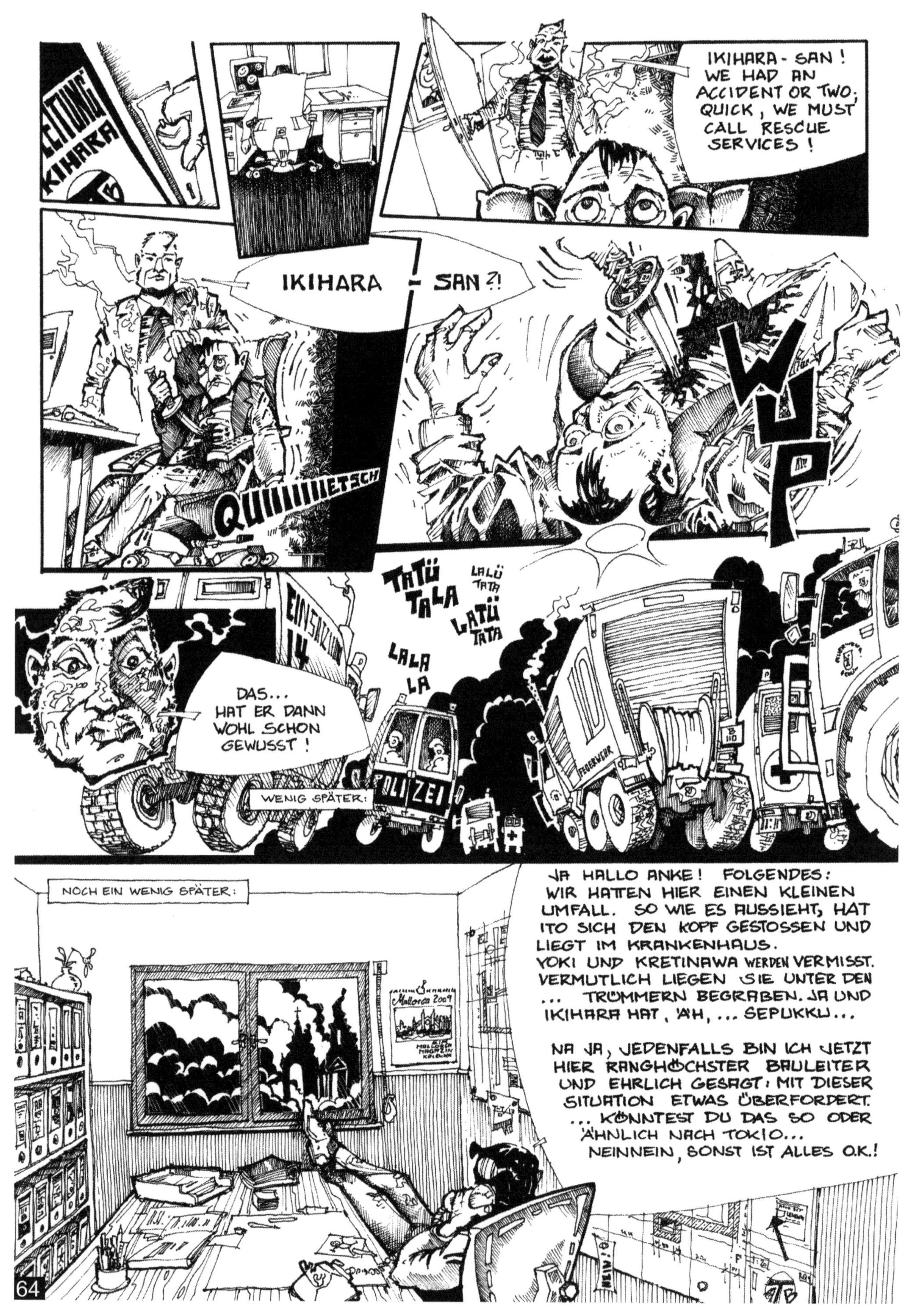
LEITUNG KIHARA
IKIHARA - SAN ! WE HAD AN ACCIDENT OR TWO. QUICK, WE MUST CALL RESCUE SERVICES !
IKIHARA - SAN ?!
QUIIIIIIIETSCH
WUP
EINSATZ 14
TATÜ TATA
LALÜ TATA
LATÜ TATA
LALA LA
DAS... HAT ER DANN WOHL SCHON GEWUSST !
POLIZEI
FEUERWEHR
WENIG SPÄTER:
NOCH EIN WENIG SPÄTER:
Mallorca 2009
JA HALLO ANKE! FOLGENDES: WIR HATTEN HIER EINEN KLEINEN UMFALL. SO WIE ES AUSSIEHT, HAT ITO SICH DEN KOPF GESTOSSEN UND LIEGT IM KRANKENHAUS. YOKI UND KRETINAWA WERDEN VERMISST. VERMUTLICH LIEGEN SIE UNTER DEN ... TRÜMMERN BEGRABEN. JA UND IKIHARA HAT, ÄH, ... SEPUKKU...
NA JA, JEDENFALLS BIN ICH JETZT HIER RANGHÖCHSTER BAULEITER UND EHRLICH GESAGT: MIT DIESER SITUATION ETWAS ÜBERFORDERT. ... KÖNNTEST DU DAS SO ODER ÄHNLICH NACH TOKIO... NEINNEIN, SONST IST ALLES O.K.!

SIE SIND VORSICHTIG. NATÜRLICH! ABER ICH WILL MICH NICHT MIT IHNEN STREITEN. NEHMEN SIE EINFACH DEN KOFFER UND WIR VERSCHWINDEN. FÜR UNS WAR NUR WICHTIG, DASS UNSERE PROJEKTE VOR DIESEM FERTIG WERDEN !

RICHTIG! WIR HABEN UNSER ZIEL NUN SICHER ERREICHT. TASHUMI WIRD KEIN INTERESSE MEHR AN DER FERTIGSTELLUNG DES TOWERS HABEN !

GENDARMENMARKT
ERWEITERUNG DER EINGANGSHALLE
KONZERTHAUS MIT SHOPPING-MALL
UND DREHKUGELRESTAURANT (ROT)
SOWIE TEILWEISER EINHAUSUNG
DER DT/FRZ - DOME.
創造空間が面白い囲員
大東建託
沖縄
UND.

UNTER DEN LINDEN

大伴二三弥
ステンドグラス
光と造型
〈現代建築の機能美とデザイン考〉
ステンドグラスを日本に定着させた第1人者
の30年間にわたる研究と制作のすべてを紹介
する。〈作品集のうち新建築掲載分〉 常陸宮
邸，釧路の家，茅ヶ崎の家，城南教会，ひら
きびる等
判型＝30×22.4cm 184頁 収録作品＝136点
布装美麗箱入 定価＝15,000円
求龍堂版
企画・設計・デザイン・制作
株式会社アサヒステンド工房
東京都世田谷区祖師谷3 39 13
☎03(3482)2531代表
〈資料請求番号〉 0823
〈ANZEIGE〉

宝三仲室飼業株式會
東洋ゴム工業株式会社
軽快で新感覚の力
GEBÄUDE ERSTRECKT
SICH BIS
OBERWALLSTR. →
HOTEL ADLON
SAYONARA,
NICKELMANN-SAN!

WOHN-UND-GESCHÄFTSHAUS MIT WIND-
KRAFTANLAGE UND SKI-ABFAHRT U.
LOIPE, ENDEND AM PARISER PLATZ.

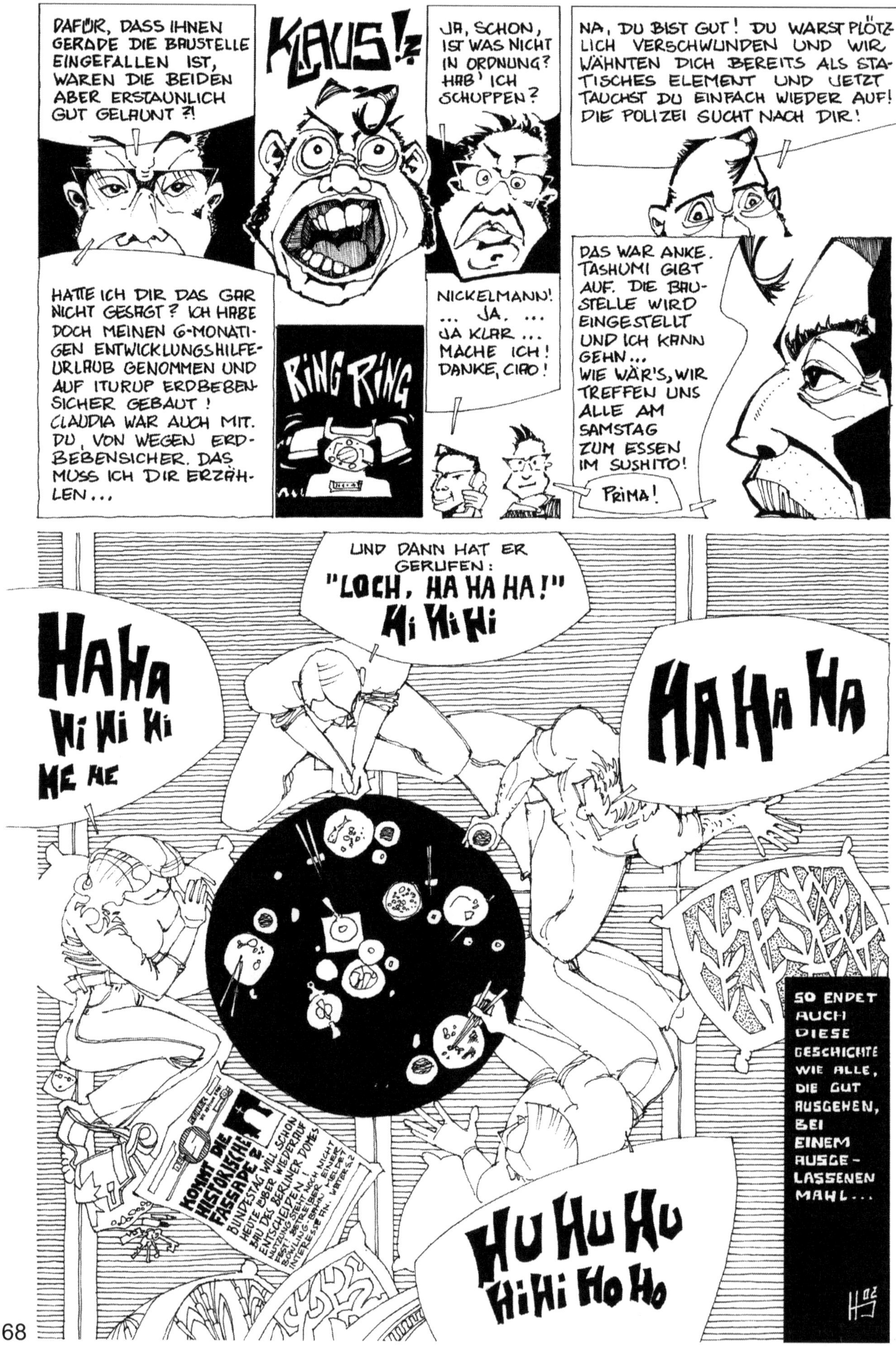

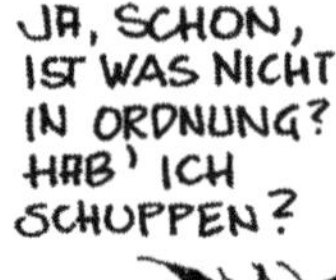

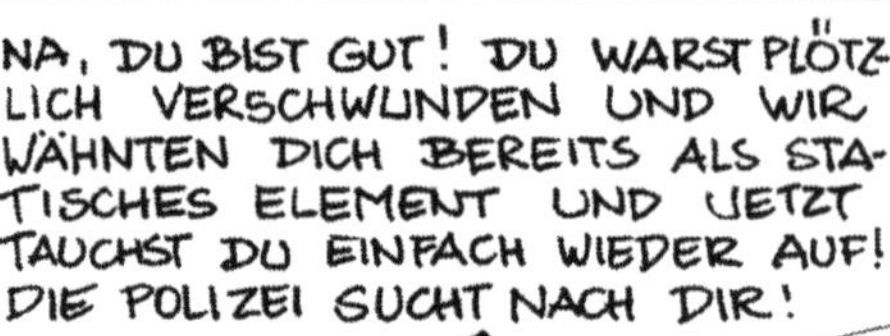

DAFÜR, DASS IHNEN GERADE DIE BAUSTELLE EINGEFALLEN IST, WAREN DIE BEIDEN ABER ERSTAUNLICH GUT GELAUNT ?!

CREDITS

DIRECTOR - HELGE JÄGER-SCHIMITZEK
DIRECTOR OF PHOTOGRAPHY - HELGE JÄGER-SCHIMITZEK
SCREENPLAY WRITER - HELGE JÄGER-SCHIMITZEK
MUSIC - INGO SCHULZ
DIRECTOR'S ASSISTANCE - HELGE JÄGER-SCHIMITZEK
ASSISTANCE PHOTOGRAPHY - FRAU SONJA
EDITOR - HEIDRUN HESS
COST ESTIMATION - OFNO CONCERN
LETTERING - ANN ALFFA-BETH
JAPANESE LETTERING - FUMIHIKO MAKI
LETTERING ASSISTANCE - LEX ICON
STUNT MANAGER - GENERAL SCHWARTZKOPFF
SURFACE STUNTS - US NAVY SEALS
AIR STUNTS - SPACEMAN SPIFF
AIRCRAFT SUPPLY - VOGON AIRCRAFT INC.
EXPLOSIVES SUPPLY - JUDÄISCHE VOLKSFRONT
POST PRODUCTION MANAGER - HELGE JÄGER-SCHIMITZEK
SET DESIGN - HELGE JÄGER-SCHIMITZEK
GRAPHIC DESIGN - KRISTIN HUCKAUF
GRAPHIC DESIGN ASSISTANCE - YELLOW LOBSTER
RECREATION MANAGER - ZAPHOD BEEBLEBROX
GENERAL SUPPORT - OILHILL SOULS
LINE OFF WIZZARD - ERASER GUM
PENCIL SUPPLY - BLACK MARKET
PENCIL SHARPENER - MECKY MESSER
BLACK INK SUPPLY - OCTOPUSSY
WHITE INK SUPPLY - U.N.O.
CATERING - HELGA JÄGER
ASSISTANCE CATERING - HELGA DRESSLER
PAPER SUPPLY - FINNISCHE WÄLDER
TITLE PAGE DESIGN - HELGE JÄGER-SCHIMITZEK
COLORING - ANDREW WARHOLA
RENDERING - ADOLPH MENZEL
CASTING DIRECTOR - RUSS MEYER
MODELL MATERIAL SUPPLY - MODULOR
DRIVER - MICHAEL SCHUHMACHER
2ND DRIVER - DAVID COULTHARD
3RD DRIVER - OLIVER KAHN
TOKYO CREW MANAGER - TADAO ANDO
BERLIN CREW MANAGER - MBOTO NGAZA
KEY GRIP - HELGE JÄGER-SCHIMITZEK
2ND KEY GRIP - HELGE JÄGER-SCHIMITZEK
CARPENTER - ZIMMERMANN
H.V.A.C. - JUNE SUMMER
ELECTRICAL ENGENEERING - CAT WEASEL
STRUCTURAL ENGENEERING - BUCKMINSTER FULLER
PLUMBING - HANS DREHER G.W.S
SOIL CONSULTANT - DUSTBITE CORP.
SPECIFICATION MANAGEMENT - HELGE JÄGER-SCHIMITZEK
C.A.D. TEAM - DETZLER GROUP
SCAFFOLDING - RUMDRUM AG
MEDICAL ADVICE - ANNI SCHIMITZEK
BAKERY - D.R. ÖDGA
COOK - MUTTI
TRASH DISPOSAL - NEUKÖLLN
POLITICAL CORECTNESS SUPERVISOR - FRANZ VON ASSISI
ATMOSPHERIC EFFECTS SPECIALIST - PETRA SOMMERFELD
BEST BOY - MONICA LEWINSKI
BODY DOUBLE - DIRK MATZEN
BOOM OPERATOR - HELGE JÄGER-SCHIMITZEK
CONSTRUCTION MANAGER - MARION SCHEERSCHMIDT
CONTINUITY - WOLFGANG LUSSEM
EXTRAS - KOSTEN, FREUNDCHEN!
FOCUS PULLER - HELGE JÄGER-SCHIMITZEK
FOLEY - HELGE JÄGER-SCHIMITZEK
COLOR TIMER - KATJA SCHEERSCHMIDT
GRIP - HELGE JÄGER-SCHIMITZEK
2ND GRIP - HELGE JÄGER-SCHIMITZEK
3RD GRIP - HELGE JÄGER-SCHIMITZEK
LOCATION SCOUT - LEDA STRUMPF
MINIATURE DESIGNER - SYLVIA KRAUSE
PROPERTY MASTER - DONALD TRUMP-ONASSIS
RE-RECORDING MIXER - HUSEHEL ISSÄT
SCENIC ARTIST - CASPAR DAVID FRIEDRICH
CULINARY CONSULTANT - CHRISTINE STEIN

SCRIPT SUPERVISOR - SIEHE: SCRIPT GIRL
SCRIPT GIRL - SIEHE: SCRIPT SUPERVISOR
STAND-IN - ECKART SCHULZ
STILL PHOTOGRAPHER - ROBERT DOISNEAU
UNIT MANAGER - HELGE JÄGER-SCHIMITZEK
WRANGLER - CHRISTOPH SEUFERT
GAFFER - HOLGER SCHEERSCHMIDT
PRODUCTION MANAGEMENT - HELGE JÄGER-SCHIMITZEK
PRODUCTION ASSISTANCE - HELGE JÄGER-SCHIMITZEK
RENT A DOC - PROF. HUCKAUF
CASH CONTROL - ALAN GREENSPAN
CONSULTANCY CONSULTANT - MICHAEL BLUM
ARM LENGTH CONTROL - KATJA ULRICH
BODY DESIGN - ANNA TOMIE
DUBBING DIRECTOR - SABINE JAEGER
EXPLOSIVES SUPERVISOR - VOLKSFRONT VON JUDÄA
WEDDING IN BETWEEN - BRITA KALLIN / PROTIP KUMAR BISWAS
GENERAL RESEARCH - MAX PLANCK
INDUSTRIAL APPROACH - GLOBAL PLAYER CORP.
WEB DESIGN - ELVIRA SPIDER
RELEVANT WEB PAGES - THEKLA CAROLA WIED
PUBLISHER - JOACHIM JAEGER
PUBLISHERS ASSISTANT - SYBIL STREET
PARTY MANAGER INCHARGE - HELGE JÄGER-SCHIMITZEK
CHILLOUT SUPERVISOR - SCHAF
NECESSARY CRITICISM - UWE SCHUMACHER
ART SUPPLY - GEORG BASELITZ
POST-ART SUPPLY - WWW.POST-ART.DE
UNNECESSARY CRITICISM - M.R.R.
MOBILE PHONE UNIT - RON SOMMER
WATER PROOFING - DAITA MANN
DRY WALLING - SAHARA GHOBI
METAMORPHOSIS - THOM MAYNE
THEFT & BURGLARY - ROBIN HOOD
SET MECHANIC - KLAUS ISERT
COMPUTER SUPPLY - BIRNE 2
SOFTWARE SUPPLY - OLIVER MÜSCHKE
NERVOUS BREAKDOWN - ALLY McBEAL
RELIGIOUS TRUTH - SHIT HAPPENS
WEATHER FORECAST - BERLIN THUNDER
GENERAL PROPHECY - DOW JONES
PSYCHOLOGICAL SUPPORT - NORMAN BATES
SET DERMATOLOGIST - LUCIUS PRURITUS
MAKE UP - CIUBA GAIGI
PERFECT MYTH - ZECKEN FALLEN VON DEN BÄUMEN
DIGITAL MANAGEMENT - HELGE JÄGER-SCHIMITZEK
ARCHITECTURAL THEORY - SIGMUND FREUD
CUTTING EDGE PHILOSOPHY - EISENMAN WOHLKAUM
LEGAL ADVICE - YVONNE DREHER
BORN AROUND PAGE 38 - MALVINE ZOE
ORIGINAL SOUND TRACK - MALCOLM ARNOLD
JAPANESE MARTIAL ARTS - STEVEN SEGAL
GOOD ARCHITECTURE - JOSEF MARIA OLBRICH
CENSORSHIP - ERICH MIELKE
STREET OF THE BEST - GABY PRIPERNAU
BUNNY - ALBRECHT DÜRER
LAMBRUSCO - CAROLA WINKLER
BEST COW #1 - BARBARA S. ELISE
BEST COW #2 - BERTA S. ERIKA
FREECARD PRODUCTION - EPGAR MEDIEN AG
HAMSTER BALANCE - LEXIKARLA ALIAS CONNIE
GRAMATICAL CORRECTNESS - SVEA HENNING
GENETIC MANIPULATIONS - KAROLIN HUCKAUF
NO RISK - NO FUN
THE PRESIDENT - ELIA HADDAD
UNITED STATES SPECIAL - JOHN HANCOCK
THANKS UNIT - BILL WIDDOWSEN
- GERRY TREUTMAN
- DICK HUNTER
- HAP PENDLETON
- PAUL HENN
- DURAID DA'AS

Kobe 1963

Weitere Bücher aus dem Kopfjaeger Verlag:

Gerald Marten
SEGELRAUMSCHIFF GURK FOCK # 1
BALZMANN DREI

Wir schreiben das Jahr 4819 nach dem Latschenkalender. Cosmander Störenbeker entsendet mit dem Segelraumschiff Gurk Fock ein Expeditionsteam, bestehend aus seiner Leiterin Junifee, der Universalwissenschaftlerin Dokta, dem Protokollführer Zeitling, dem Sicherheitsbeauftragten Rambini Ganschak und der Granate Guckguck auf den gewalterfüllten Planeten Balzmann Drei. Unglaubliche Abenteuer erwarten dort das Exteam, und ob es diese heil übersteht, steht in den Sternen.
Und in diesem Buch. Satire Fiction.

Gerald Marten: Segelraumschiff Gurk Fock #1, Balzmann Drei
Kopfjaeger Verlag, Berlin
ISBN 3-8311-3444-8, 180 S., Paperback, 9,95 Euro

Helge Jäger
DROSOPHILA MELANOGASTER
ZWEI FRUCHTFLIEGEN AUF DER SUCHE
NACH DEM SINN DES LEBENS

Das Genom des Menschen ist entschlüsselt. Das der Fruchtfliege auch. Sechzig Prozent der Gene stimmen überein. Das gibt zu denken. Was haben Mensch und Insekt gemein? Was trennt sie? Worin sehen beide den Sinn des Lebens? Ist die Antwort wirklich 42? Finden Sie es selbst heraus!
Tierisch! Menschlich! Satirisch! Drosophilosophisch! Blutrünstig!
Ein Bilderbuch für Erwachsene. Warten Sie nicht auf den aktuellen Berlin-Roman, lesen Sie den aktuellen Berlin-Comic!

Helge Jäger: Drosophila Melanogaster,
Kopfjaeger Verlag, Berlin
ISBN 3-00-005365-4, 53 S., Farbe, Hardcover, 9,95 Euro
